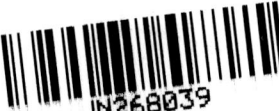

これで安！心

仕事の基本がよくわかる

新しい給与体系と実務

二宮 孝 著

社員のモチベーションを高め、企業を活性化する新しい賃金制度とは

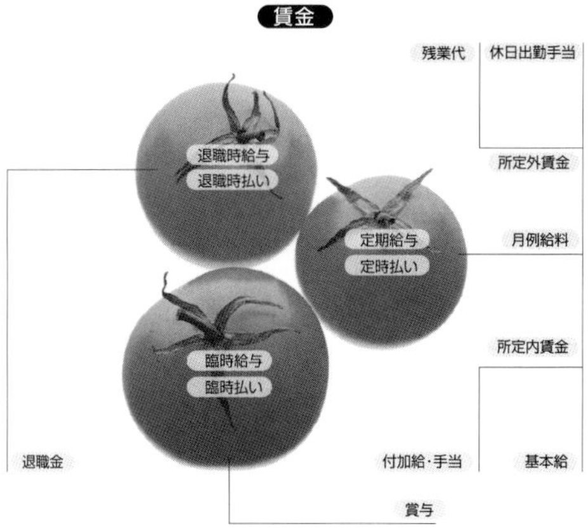

同文舘出版

はしがき

人はカネのために働く——というと語弊があるかもしれませんが、しかし、賃金が得られなければ仕事をする気になれないのは、誰でも同じでしょう。ほとんどの人にとって賃金は唯一の収入源であり、それがないと生活していけないからです。

その意味で、賃金は人が生きていくために欠かせないもの、といってよいでしょう。

このことは、古代の人たちも同じように考えていたようです。英語のサラリーの語源はラテン語のサラリウムで、「塩の代金」の意味だといわれています。

古代ローマの人たちにとって塩は、肉などの食料を保存するために欠かせないもので、これがなければ食料が不足して生きていくことはできません。塩と同じように、賃金も生きていくのに不可欠なものだ——ということから、「塩の代金」と呼ぶようになったのだそうです。

まさに言い得て妙ですが、では、生きていくために必要な額が得られればそれで満足かといえば、誰もが首を横に振るに違いありません。たとえば、同じレベルの同僚より賃金額が少なかったとします。おそらく、ほとんどの人は「どうして少ないんだ」と不満を抱き、悩むのではないでしょうか。

これは、たしかに金銭欲もあるでしょう。しかし、賃金の場合は、それだけではありません。仮に100円とか200円といったほんのわずかな額であっても、差をつけられた人は大きく傷つけられて落ち込んでしまうのが普通です。

その理由は簡単で、賃金の額は単なるカネの額ではなく、会社が自分の仕事ぶりや能力を評価した結果である、という性格を有していることによります。だから、たとえ１円の差であっても、「自分よりも彼のほうを会社は大切にしているのだ」という気持ちが働いて、しょげ返ってしまうのです。

このように、賃金はサラリー生活者を一喜一憂させるものなのに、はたして、そのうちのどれだけの人が、自分の給料額がどういう仕組みで決められているのかを知っているのでしょうか。おそらく、明細書を見て、「まあ、こんなものか」と、支払われた金額をなんとなく受け入れているのが大半でしょう。

日本の賃金は、会社ごとに制度や水準が異なり、手当の種類も多いため、複雑でわかりにくいといわれています。戦後、基本給を抑えて、その分を手当で補塡する形で出発したわが国の賃金制度は、それに産業社会の二重構造や終身雇用制のもとの年功序列が絡み、会社との賃金交渉は企業内労働組合が行なうという風土が重なりあって、複雑怪奇なものになってしまったのです。

その不都合さは、あのバブルの時代に終身雇用制が薄れ、転職などによる労働力の流動化が進むにしたがって、露呈してきました。その非合理性は、受け取る側ばかりでなく、支払う会社側も認めるところで、その結果、能力や貢献度、ビジネスキャリアに見合った賃金体系を導入する企業が増え、いまや日本の賃金制度は、大きな転換期を迎えています。

本書は、そういう変化の中にあって、いま、どのような賃金体系を取り入れればよいのか、その現実的な方法を、とくに中小企業の賃金担当者向けに紹介するものです。

そのため、最新の理論のみに走ることは避け、実務のレベルで具体的に理解してもらえるように、簡潔、明瞭に書くことに努めました。

賃金は、すべての社員に納得されるものであることが大切です。すべての社員に納得されるには、仕組みが明快で、基準が明確でなければなりません。それが、本書の基本的な考え方です。

2002年７月　　　　　　　　　　　　　　著　者

仕事の基本がよくわかる　新しい給与体系と実務◆目次

はしがき

第1章　賃金と賃金制度

1　賃金と賃金管理――10
2　人事考課と賃金――11
3　賃金には3つの性格がある――12
4　賃金の形態と支払いの方法――14
5　所定内賃金と所定外賃金――16
6　賃金体系とは――18
7　定期昇給とベースアップ――22
8　日本の賃金制度の問題点――24
9　年功制賃金はなぜダメなのか――26
10　複線型人事制度の問題点――28
11　新しい賃金の方向――30
12　複合型賃金体系とは――32
13　能力開発と複合型賃金――34
14　賃金体系を改めるときの注意点――37

第2章　新しい賃金制度への準備

15　賃金制度改革の手順――40
16　労働対価の妥当性を見る――42
17　生活給としての妥当性を見る――48
18　コストとしての賃金を見る――50
19　賃金構成を見る――53
20　意識調査からの分析――54
21　人事の基本理念を明確にする――58
22　人事の方向を定める――60
23　人事制度の骨格をつくる――62
24　職務・役割基準をつくる――65
25　職務遂行能力の基準をつくる――68
26　人事の4つの基準――70
27　人材モデルを設定する――72
28　モデル賃金を設定する――74

第3章　基本給を設計する

29　諸手当を見直す――78

30　個々の手当を検討する――80

31　年功給を見直す――84

32　仕事給のタイプを検討する――87

33　査定基準を明確にする――89

34　最適な賃金表を選択する――90

35　昇格昇給を検討する――95

36　基本給を設計する――96

37　年齢＋職能型基本給の設計――97

38　強化型職能給の導入――110

39　職務給の設計――120

40　業績給の設計――124

41　パートタイマーの賃金――126

42　パートタイマー賃金の設計――128

第4章　賞与、退職金制度の設計と年俸制の導入

43　新しい賞与の考え方——132
44　賞与月数の設定法——134
45　業績指標と賞与総額——136
46　賞与のポイント化——137
47　賞与ポイント表をつくる——138
48　退職金制度見直しの必要性——140
49　月例賃金分離型退職金制度とは——142
50　方程式方式退職金の設計——144
51　ポイント方式退職金の設計——149
52　ポイント方式退職金のオプション——154
53　確定拠出型年金——155
54　年俸制導入の目的——156
55　年俸制導入への準備——158
56　職能複合型年俸制の設計——160
57　役割業績年俸制の設計——164
58　年俸の支払い方法——169
59　年俸制度での人材評価——170

第5章　賃金制度の改革と賃金規定

60　トータル人事システムと賃金――176

61　新制度導入のポイント――178

62　導入前シミュレーション――180

63　新賃金と現行賃金の格差処理――182

64　賃金規定を改定する――183

65　ベースアップの方法――186

66　中途採用者の賃金の決め方――188

67　人事異動と賃金――191

68　高齢者の賃金――192

付表　日本経団連モデル賃金表

東京都モデル賃金表

基本給と諸手当の割合

企画・編集◆三田書房

図版構成◆中野昭夫

第1章

賃金と賃金制度

1 賃金と賃金管理

■人事管理のうち、賃金を扱うのが賃金管理

◆賃金は社員の士気を左右する

会社の経営で、ヒトを対象とする管理（マネジメント）の分野を人事管理といいます。そのうち、賃金体系の構築や賃金額の設定などといった、賃金に関することを行なうのが賃金管理です。

賃金とはいわゆる給料のことで、その呼び方は会社（組織）によってまちまちです。民間企業では賃金全体を給与、月々に支払われるものを（月例）給料という場合が多いようですが、経営の面からは賃金というのが一般的です。また、公務員の場合は賃金ではなく、給与といっています。

法律では、労働基準法第11条に、「賃金とは、賃金、給料、手当、賞与その他名称の如何を問わず、労働の対償として使用者が労働者に支払うすべてのものをいう」と定義されています。

社員にとって、賃金は自分が働いた結果が、具体的に数字として示されたものです。

その賃金の仕組みを扱う賃金管理に、社員がもっとも強い関心をもつのは当然といえます。もちろん、賃金管理の如何によって、社員の士気が左右されるのもうなずけるところです。

管理業務は経営を円滑に行なえるようにするとともに、より活性化することを目的としています。賃金管理も同じで、その目的は「社員の仕事への意欲や達成感、会社への信頼感を育み、より高い質の労働力を確保し、定着させ、その労働力をさらに向上させて、成果を充分に発揮させるような賃金体系を築き、しかも賃金総額を適正範囲に収めることである」ということになります。

2 人事考課と賃金

■人事考課と賃金管理はクルマの両輪のような関係

◆賃金には配分のルールが必要

人事管理や賃金管理のカナメは人事考課です。人事考課とは、能力開発の効率化、配属や処遇の適正化、人材の活性化を図って行なう、社員人材情報の収集・分析・評価といった一連の作業をいいます。

賃金管理のベースである賃金査定は、人事考課の結果にもとづいて実施されます。ここで注意したいことは、人事考課の結果が、そのまま賃金査定とならない場合もあるということです。

というのも、人事考課は能力を的確に把握するため、総合点方式による絶対評価を原則としているのに対して、賃金査定は原資の配分という相対評価の考え方も必要になってくるからです。

そのため、下の例のような賃金査定のための基準を設けて、人事考課の情報を相対評価に置き換える作業も必要となる場合があります。賃金制度では、このルールがとくに重要だということを覚えておいてください。

人事考課（絶対評価）
S＝Aのうち、とくに優秀な者
A＝優秀な者
B＝基準どおりの者
C＝基準に達していない者
D＝Cのうち、とくに問題がある者

→

賃金査定（相対評価）
S＝総合点の上位10％以内
A＝総合点の上位11～30％
B＝総合点の上位31～70％
C＝総合点の上位71～90％
D＝総合点の上位91％以下

例／賞与配分として活用する場合

3 賃金には3つの性格がある

■労働の市場性、生活保証、コストの3つが賃金管理の要目

賃金には、次の３つの異なった性格があります。これを「賃金３原則」といって、賃金管理ではこれらを同時に満たすことが必要です。

⑴労働の対価としての性格

賃金には、市場で売買される一般の商品と同じ性格があるということです。たとえば、求人難のときには初任給が上がるなど、(労働）市場の需要と供給の関係によって影響を受けるということです。

これは、同一地域で質的なレベルが同一の労働者の賃金水準を参考に設定されます。

⑵生計費としての性格

会社の就業規則に、「他の会社に二重に勤務してはならない」という規定が設けられているのが普通です。これは逆にいうと、その会社の賃金だけで生活費（家計）が満たされる必要があるということになります。つまり、社員にとって賃金は唯一の収入源なわけで、日々の生活を営むための生活費として賃金をとらえるものです。

これは、物価を反映した世帯単位の生活費（標準生計費）をものさしにして設定されます。

⑶コストとしての性格

賃金には経営活動の経費（人件費）としての性格があります。右肩上がりの経済成長が期待できない現在、効率を考えて経費を節減することは経営の大きな課題で、人件費もその例外ではありません。

これは、**労働分配率**などを参考に設定されます。

▶労働分配率――会社が生み出した付加価値の総額のうち、社員に分配される割合のことをいいます

◆賃金3原則◆

ここがポイント　賃金は、3原則を同時に満たすものであることが必要不可欠である

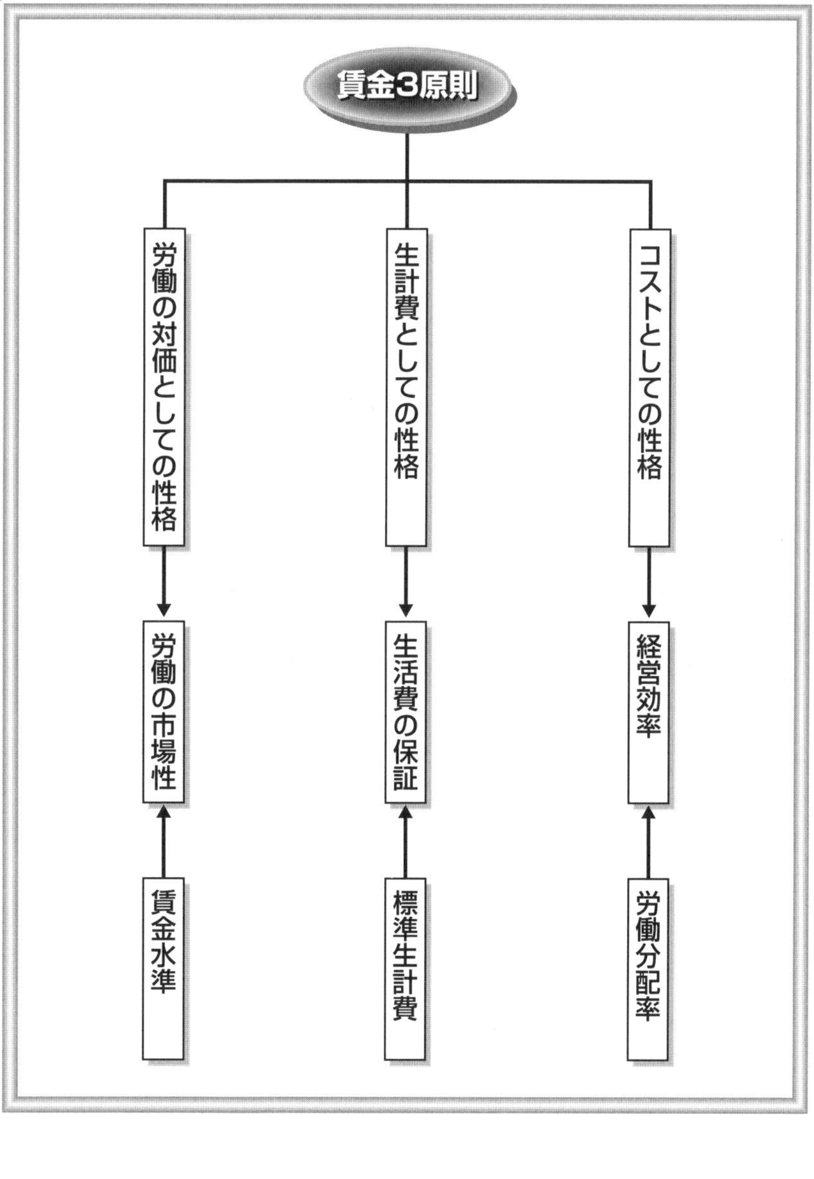

4 賃金の形態と支払いの方法

■賃金は月に1回以上、定期的に支払うことが義務づけられている

ひと口に賃金といっても、業種や労働内容、経営方針などによって、その形態や支払い方法はさまざまです。

◆賃金の内容

会社が労働の対価として支払うものは、原則として、その名称を問わず、すべて賃金に含まれます。

ただし、慶弔見舞金などの任意的、恩恵的なもの、社宅の貸与や給食などで福利厚生（施設）とされるものなどは、一般には労働基準法上の賃金とはなりません。しかし、これらも就業規則や労働協約にその支払条件が明記されて、支払い義務と請求権利が伴う場合には、一般には賃金として扱われます。

◆支払い形態

支払い形態とは、賃金計算の対象となる期間のことです。これを確実に行なうことは、社員の家計に直接影響することであり、法律上の契約（労働契約）に関わることなので、賃金管理ではとくに重要です。

この労働形態別の賃金制度には、次のものがあります。

・**時間給制**——時給いくらというように、1時間あたりの賃金額を基準とするもので、パートタイマーの賃金によく用いられています。

・**日給制**——1日あたりの賃金額を基準とするもので、日雇いの労働者やアルバイトの賃金によく行なわれています。

・**月給制**——一般的な正社員の賃金形態です。このうち、遅刻や欠勤があっても全額が支給されるものを「完全月給制」といい、その分を引かれて、働いた日数（時間）分だけ支給されるものを「日給月給制」といいます。

・年収管理制——月々に支払われる賃金の12カ月分と1年分の賞与の合計額が、年収から見て適正かどうかを毎年管理して給与額を決めるやり方で、通常、年俸制導入への第一段階として行なわれます。

・年俸制——1年単位で給与額を決める方式のことですが、とくに社員個々の業績によって、その額がアップダウンする場合に限定していう場合が多いようです。

労働基準法（第24条）では、賃金支払いの時期について、少なくとも月に1度以上、期日を定めて支払わなければならないと定められているので、年俸制であっても年に1回の支払いでよいということにはなりません。

以上の他、欧米などでは「週給制」が行なわれています。

◆現物支給

法律では、賃金は通貨で支払うものとされています。しかし、労働協約にその旨の記述があれば、例外として自社製品などの現物で支払うことも認められています。

現物支給については、法律が労働組合の承諾を不可欠な条件としていますが、これは、商品などの物品は価格や価値が不明確であることや、換金が困難か不可能な場合があることを配慮してのものです。

◆支払い時期

賞与、退職金もイレギュラーですが賃金となります。

・定時払い——月例給料のように、定められた期間ごとに定期的に支払うことをいいます。

・臨時払い——賞与、一時金などのように、定期的にではなく、特定の時期に特別に支払うことをいいます。

・退職時払い——退職金は賃金の中でも特別な存在です。なぜなら、原則として退職時や退職後に支払われるものだからです。この支払い方法には、退職時に現金で支払われる場合、利息を運用しつつ年金として分割して支払われる場合、また、この両者の混合型があります。

5 所定内賃金と所定外賃金

■月例賃金は基本的に2つの要素から成り立っている

日本の賃金は、月ごとに支払う月例賃金が一般的です。この月例賃金は、基本的に次の２つのもので構成されています。

◆所定内賃金（所定内労働時間内賃金）

就業規則など、あらかじめ定められた労働日や労働時間での労働に対して、毎月固定的に支払われる賃金のことです。

これはさらに、基本給と付加給と手当に分かれます。

・基本給

所定内賃金から、諸手当など、一定の条件下での付加的な賃金を除いた基本部分をいいます。

・付加給、諸手当

いずれも、支給対象者や支給期間などの基準にもとづき、限定的に支払われる付加的な賃金をいいます。

たとえば「家族手当」ですが、これは、扶養家族を持つ社員に限って、その該当する期間について扶養家族１名について、いくらという形で支給するものです。

なお、所定内賃金と似た言葉に「基準内賃金」がありますが、これは普通、賞与や退職金などの算定の基礎部分となるものをいいます。会社によって呼び方が違うので注意してください。

◆所定外賃金（所定労働時間外賃金）

残業代や休日出勤手当など、定められた労働日や労働時間以外の労働に対して支払われる賃金のことです。この所定外賃金は、業務の繁閑によって増減するため、景気動向を示す指標としても用いられることがあります。

◆賃金の一般的な構成◆

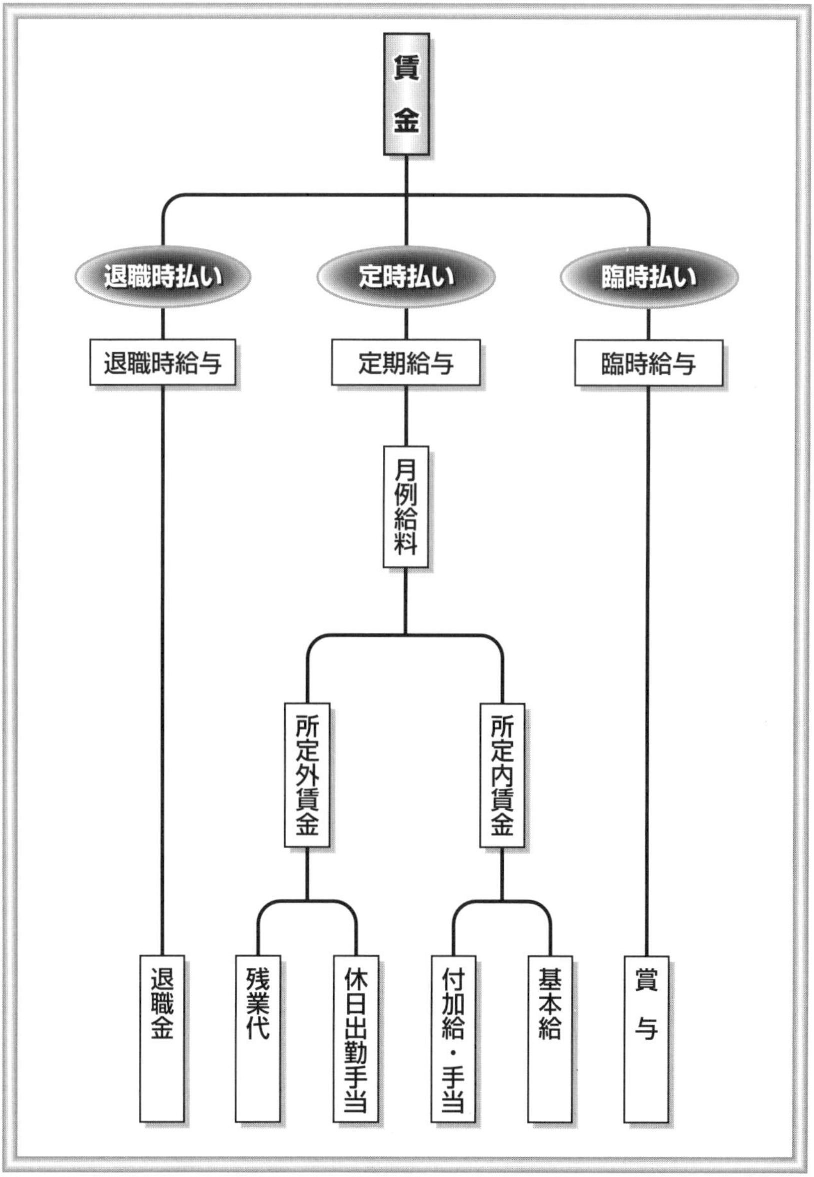
賃金
退職時払い
定時払い
臨時払い
退職時給与
定期給与
臨時給与
月例給料
所定外賃金
所定内賃金
退職金
残業代
休日出勤手当
付加給・手当
基本給
賞与

6 賃金体系とは

■賃金の決定法には年功給、仕事給、並存給の3つの体系がある

「賃金体系」とは、賃金をどのような要素で決定するかを表わしたものをいいます。

言い換えると、何を対象とし、どのような基準で賃金を決めるかを示したもので、これは大きく、年功給体系、仕事給体系、並存給体系の３つに分けられます。

⑴年功給体系

社員個々の個人的な要素によって賃金を決定するものです。ヒトを対象にした賃金なので「属人給」ともいい、次の２つから成ります。

・年齢給

社員の年齢によって賃金を決めるものです。「本人給」ともいわれることもあり、実際の年齢による場合と定期に学校を卒業したと見なす学齢による場合があります。

・勤続給

勤続１年につきいくらというやり方で決めるものです。最近では少なくなりましたが、社員が定着しない会社などで見受けます。ただし、この方法は中途入社の社員には不利です。

⑵仕事給体系

年功給体系がヒトの要素で決定されるのに対して、この仕事給体系は仕事を基準に決定するもので、次の３つのものがあります。

・職能給

担当しているか、将来担当するであろう仕事を進めていくために必要な能力（職務遂行能力）の到達レベルを評価することによって決める賃金体系です。したがって、年功給と職務給の間に位置しているも

◆賃金のタイプとイメージ◆

ここがポイント 賃金の変化をパターン化すると、それぞれのタイプの特徴がよくわかる

タイプ	賃金の変化のパターン	特　徴
年功給	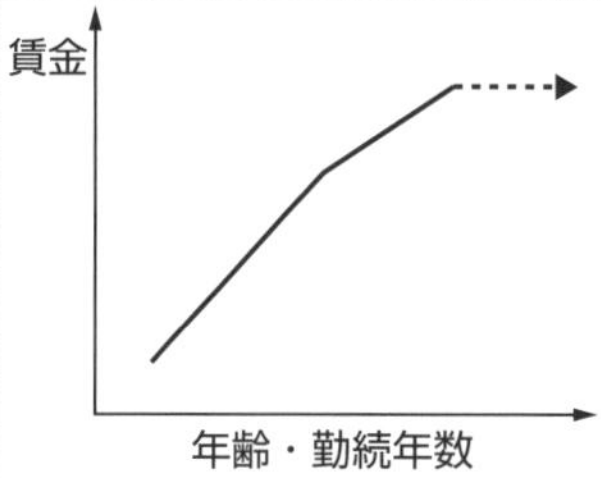	・右上がりカーブを描き、単純明快なのが特徴 ・一定の年齢（勤続年数）で頭打ち（上限設定）になるのが一般的
職能給	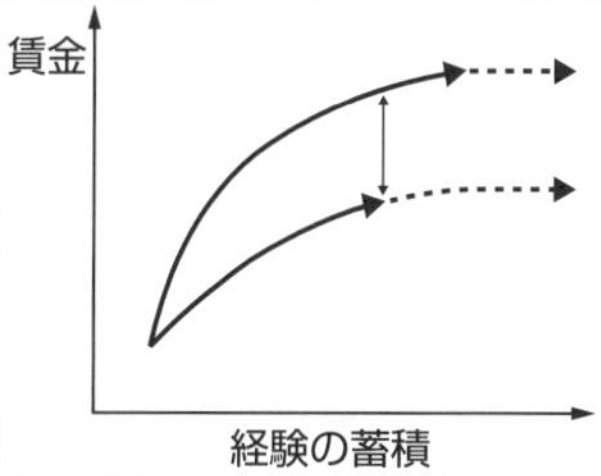	・右上がりのカーブを描くが、能力に応じて個人差の幅があるのが特徴（逆にいうと、この幅がないと、年功給と変わりがないことになる） ・一般的に、能力の伸びは一定の段階で頭打ちになるが、その時期には個人差がある
職務給	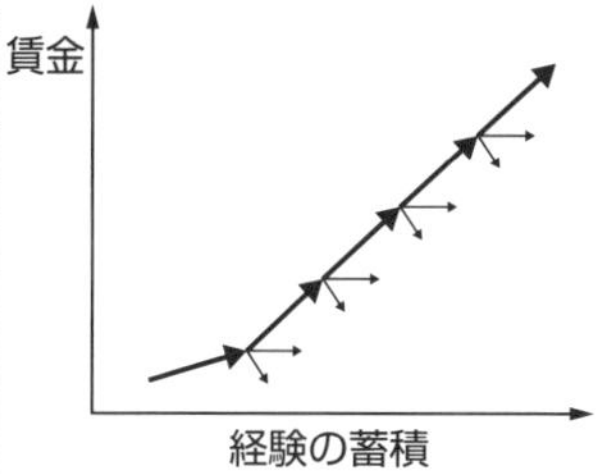	・全体的に、順調に能力開発が進み、より高いレベルの困難な仕事を担当するようになるにしたがって、賃金も高くなっていく ・仕事が変わらない場合、賃金は現状維持のまま続く ・前より付加価値の低い仕事に変わった場合には、賃金は下降する
業績給	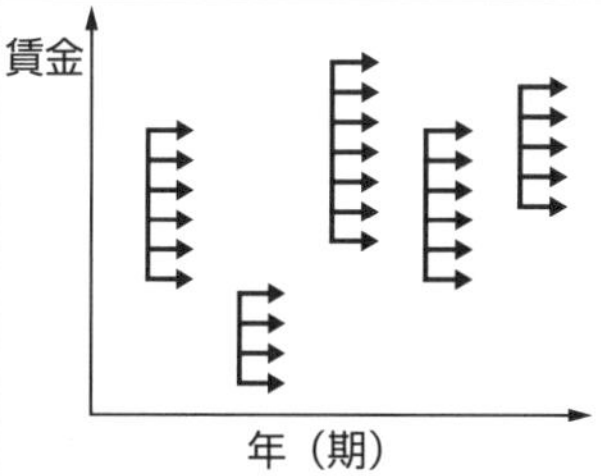	・業績給の方式は各社まちまちなのでイメージするのはむずかしいが、毎期の成果に応じて配分するのが原則なので、常にご破算になる──つまり、キャンセルして次期とは不連続となる。しかも、アップダウンが大きいのが特徴

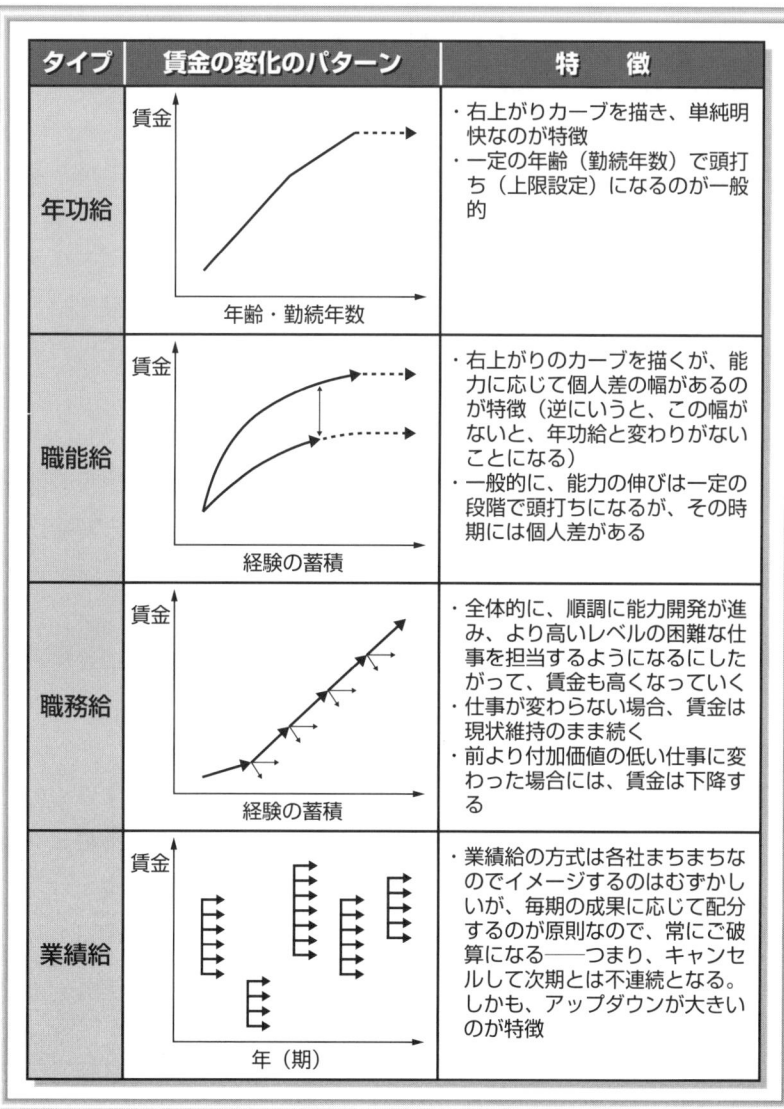

のといえます。

・職務給

仕事そのもののレベル（難易度や付加価値）を評価して決定する賃金体系をいいます。

この職務給を決めるには、まず職務分析を行ない、その会社における仕事の相対的な価値の大きさを評価することが必要です。

したがって、職務給では社員の担当職務が変更になれば、その時点で職務給も変化し、新しい職務に対応した賃金に移行するのが基本となります。

また職務給には、ルーティン（定型業務）で固定的なイメージがあるため、とくに管理職や専門職など上位の職務の場合は、「役割給」と呼ぶことがあります。これは、職務のもとになる役割（責任）の重さのほうを基準とした呼び方です。

・業績給

能率給とか歩合給と呼ばれてきたものです。一定期間の仕事の能率や売上高など、仕事の成果に応じて算定されるもので、個人に適用する場合と集団に適用する場合があります。

一般的には、ホワイトカラーも含めた集団での業績給として扱い、企業活動の成果を、それを産み出すのに貢献したグループ（構成員）に対して、一定の算式に則って分配する方法がとられています。

⑶並存給体系

年功給体系と仕事給体系を組み合わせて、お互いを補完するものです。一般にこの並存給体系を用いているところが多く、年齢給と職能給、職能給と職務給、勤続給と業績給などの組み合わせがよく行なわれています。

▶職務遂行能力――略して「職能」といいます

◆賃金の各タイプの長所と短所◆

タイプ	考え方	長所	短所
年功給	・毎年の定期昇給とベースアップをもとに体系化する	・単純明快で、運用も簡単である ・一律であり、評価の仕組みが要らない ・生活給として安定し、社員の定着策になる	・平均年齢（勤続）が上がる（長くなる）と人件費増となる ・若くて優秀な社員はやる気が出ない ・中途採用者には不利である
職能給	・職務調査による能力基準にもとづく ・属人給と仕事給の折衷的な性格をもつ ・毎年、定期昇給とベースアップがある	・日本的な能力主義を反映したもので、柔軟で実態に則した運用がしやすい（能力主義を、大きくも小さくも運用によって反映可能）	・年功的に運用される可能性をもつ ・能力アップと合わせて職務レベル＝実績が上がらないと人件費増になる（とくに中高齢者）
職務給	・職務分析による相対的な職務価値にもとづく ・定期昇給はない ・ベースアップはある	・職務価値を賃金に直接、反映できる ・労働対価としての給与の考え方に即していて合理的である	・異動配置が困難 ・能力が高くても、担当職務の価値が低いと賃金は上がらない ・職務分析が困難
業績給	・具体的な成果（会社、組織・個人の利益や付加価値）から、本人の業績貢献度分を一定のルールで分配する（成果分配制度）	・使用者側のリスクがない ・能力に自信があり、かつ実績を上げている社員には励みになる	・社員にとっては、生活が不安定になる ・配分のルールの設定や管理が困難で、複雑化しやすい

7 定期昇給とベースアップ

■基本給の改定は一般に2つの視点で行なわれている

多くの会社では毎年、基本給を改定して昇給を行なっています。これを「定期昇給制度」といいますが、この場合、基本給は単一に改定されるのではなく、いわゆる本来の定期昇給とベースアップの２本立で行なわれるのが普通です。

◆定期昇給（定昇）

勤続年数の増加に対応して、社員の基本給を上げることです。

①勤続による仕事の知識や経験、技能などのレベル向上に対応する

②年齢が高くなれば生活費が増加するので、これに対応する

定期昇給は年功序列制度的な意味合が強く、基本的に定年などで退職した分を新規採用者に振り向けることを前提としています。つまり、平均年齢を一定に保つことによって、平均賃金を一定に保っているわけです。したがって、本来的に定期昇給は社員に支払う賃金の総額を上げるものではないというわけです。

なお、職務給や業績給はその性格上、定期昇給はありません。

◆ベースアップ（ベア）

次のような変化を賃金に反映させるために、賃金水準そのものを改定することです。

①物価水準の変化を賃金に反映させる

②初任給水準の変化を賃金に反映させる

③その他の経済的、社会的な環境の変化に対応する

したがってベースアップは、職務給や業績給を含めた、あらゆる賃金体系で行なわれます。また、理屈からいうと、アップするだけでなく、逆にダウンすることもあり得るわけです。

◆定期昇給とベースアップの概念◆

ここがポイント 10,000円の昇給でも、実質的な昇給額は10,000円ではない

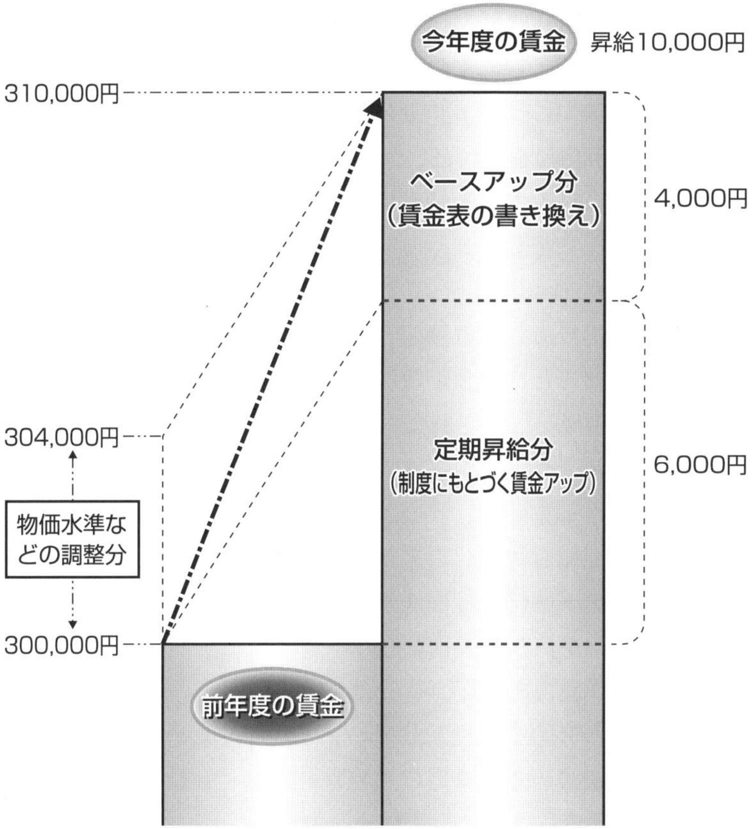

勤続が1年長くなることによって、まず定期昇給によって6,000円アップ。さらに、ベアで賃金表が書き換えられて 4,000円を上乗せ、計10,000円の昇給

8 日本の賃金制度の問題点

■終身雇用制を前提に、わが国の賃金制度は発展してきた

現在の日本の賃金制度は、終戦直後の1945年頃から、アメリカの制度の影響を受けて始められました。しかし、従来からの終身雇用制度が根づいていた日本に、アメリカの制度をそのまま導入することは困難で、そのため、年功制を土台とした独特の制度として発展したのです。

それもあって、日本の賃金制度については、従来から以下のような問題点が指摘されてきました。

⑴企業間格差が大きいこと

終身雇用が前提であり、労働組合も企業内組合を中心に発達したことなどから、会社ごとに賃金が決定されるシステムが主流となり、業界や業種の労働市場が反映されない賃金になってしまいました。

⑵基準が不明確なこと

「基本給は、年齢、勤続、学歴、仕事、能力などによって総合的に決定する」という総合決定給方式が主流を占めてきたため、基本給決定の仕組みや基準が明確ではなかったことと、多種、多様な手当が設けられていることが賃金を複雑なものにしました。

⑶定期昇給制度が重視されていること

年功制は毎年の昇給を前提としています。そのため、前年度の賃金をもとに昇給額を決めるやり方に重点が置かれ、社員の能力や貢献度が反映されない賃金になってしまいました。

⑷賞与や退職金への賃金としての認識が薄いこと

賞与は月々の賃金の後払い的な要素に、会社や個人の業績に対する報奨的な要素が加わり、退職金も勤続すればするほど高くなる恩恵功労的な要素が強く、賃金としての性格が曖昧になってしまいました。

◆日本型賃金の歴史的背景と問題点◆

ここがポイント 経営・労働環境の激変の時代を迎えて、賃金体系の多様化が求められている

1945年

終身雇用の日本的風土にアメリカの人事制度を移入

年功型職階制度と年功型職務給体系

定期昇給制度と総合決定給方式

最低限の生活費を保証するものとして基本給を設定

多種、多様な手当による調整

↓

1975年頃

日本型能力主義の開化

年功型職能資格制度と年功型職能給体系

↓

1986年

男女雇用機会均等法をきっかけに複線型人事制度を導入

コース別の職能給による複線型賃金体系

↓

- 前年の賃金額をベースにした昇給（相対額管理）
- 総合決定給方式による不明確な賃金基準
- 画一的な賃金
- 年功的な賃金
- 終身雇用を前提とした長期収支型賃金

↓

時代の変化に対応できず、実態との乖離が見られる

↓

現　在

階層別複合賃金制度、選択制賃金制度などへの改革が急務

9 年功制賃金はなぜダメなのか

■右上がり経済を前提にした年功制は低成長時代にはそぐわない

◆賃金と実態に大きなギャップ

定期昇給を原則とする年功制は、社員が年齢や勤続年数を増すにしたがって能力が高まり、次第に付加価値の高い仕事がこなせるようになり、その結果として業績が伸び、会社への貢献度も高まっていく——という右上がりの図式を前提にしています。

いまや、この年功制の弊害を指摘する声が盛んですが、かつてはこれが日本の企業社会、経済の成長を促進する原動力だったことは否めません。このお蔭で、社員の立場は安定し、安心して生活できるようになりました。その結果、従業員の定着率が高まり、経営基盤を安定させ、あの高度経済成長を実現させたわけです。

しかし、バブルの崩壊以後は経済が低迷を続け、右上がりの神話はもろくも崩れ去ってしまいました。企業も業績不振が続き、「年齢・勤続年数──→能力の向上──→付加価値の増加──→業績の向上」という図式が成り立たなくなってしまったのです。

年功制賃金はその前提が失われたわけで、そのため、賃金と実態との間に大きな格差が生じてしまいました。

次ページをご覧ください。これは、年代に応じて平均的な年功型賃金と会社への貢献度がどう推移しているかを比べたものですが、中間層では貢献度に対して賃金が低すぎ、若年層と中高齢層では、逆に貢献度よりも賃金が高くなりすぎています。

このギャップが企業の競争力を低下させているのは明らかで、これをいかに解消するかが、いま、賃金制度改革の大きな課題になっているのです。

◆従来の賃金と貢献度との格差◆

ここがポイント 実際の貢献度とかけ離れていることが、年功制賃金の大きな問題点である

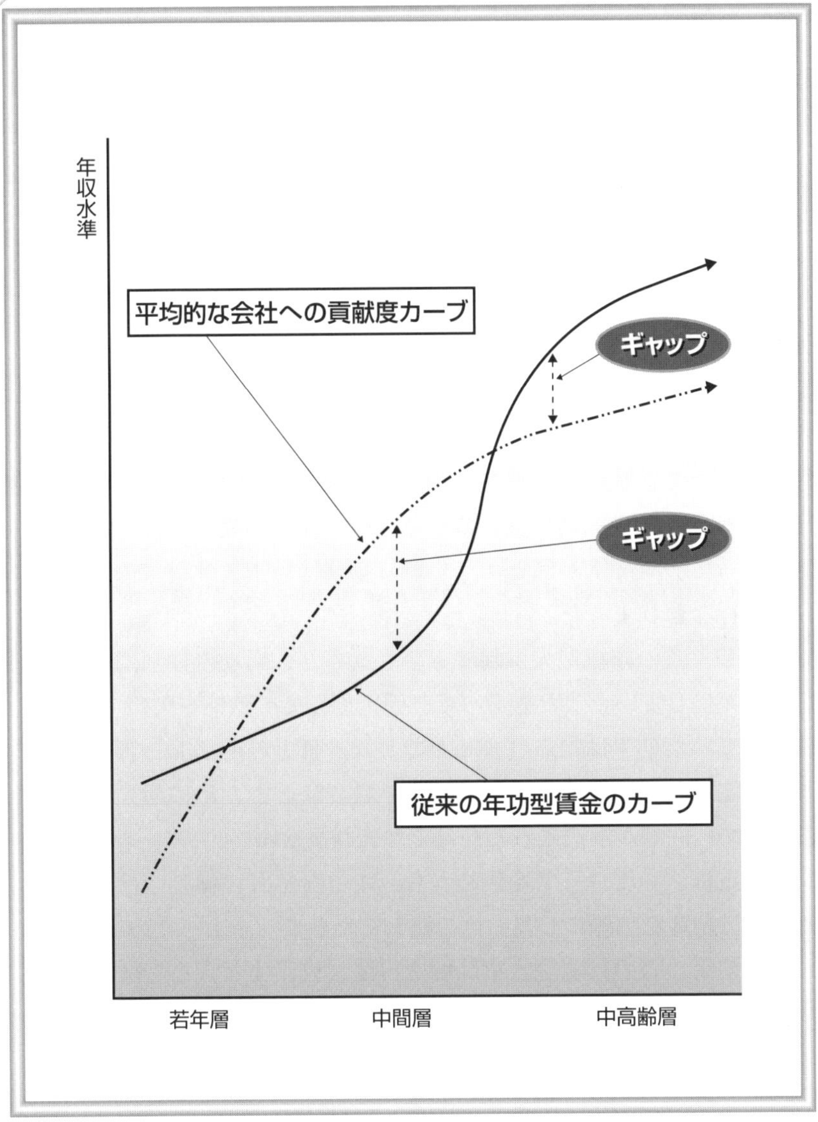

10 複線型人事制度の問題点

■柔軟性のない人事・賃金制度は組織の硬直化を招く

◆形式的な職能給は通用しない

日本の賃金制度を見るうえでもうひとつ重要なのは、男女雇用機会均等法の影響もあって、1980年代後半に大企業を中心に複線型人事制度が導入されたことです。

この複線型人事制度というのは、複数のコースを設定し、それぞれに異なった仕組みの人事・賃金を実施するやり方をいいます。つまり、コースごとに異なる基準で人事考課を行ない、異なる体系の職能給を適用するという方法です。

これは、たとえば銀行や保険業では、次ページのような、将来は経営幹部として活躍することが期待される総合職コースと、補助的な業務を担う一般職コースに分けるやり方や、住居の異動を伴う転勤の有無によってナショナル職とエリア職（勤務地域限定社員）に分けるやり方が行なわれました。

しかし、この複線型人事制度も、もともと、男女の性別的役割分担をベースにしていたこともあって、固定化して柔軟性を欠いてしまい、期待していた効果は得られませんでした。賃金の面でも、各コースごとに設定された職能給は、年功制を下敷きにしたために形式的なものにすぎず、問題が解決されたわけではありません。

要するに、一度コースを決めたら、ずっとそれに縛りつけられ、いたずらに制度を煩雑にしただけで終わったところもあったのです。

その結果、この複線型人事制度を再度、見直すところも増えています。

◆複線型人事・賃金制度の形態◆

ここがポイント 一般職、総合職の複線型人事制度も、硬直化の弊害が指摘されている

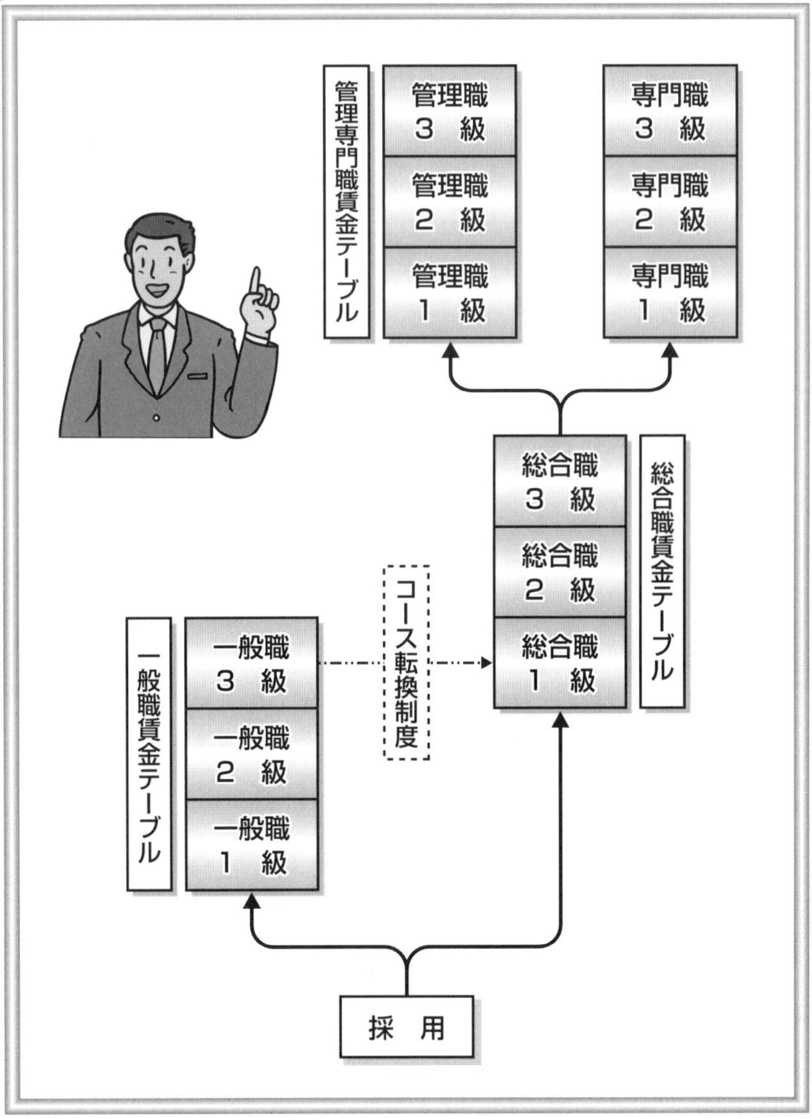

11 新しい賃金の方向

■多様かつ流動的で、バランスのとれた人事・賃金システムが必要

今後の賃金の方向として、次の４つの点が指摘できます。

⑴多様で柔軟な人事・賃金システムを考えること

会社の中心となる基幹業務とはいえない業務については、アウトソーシングを図ったり、派遣社員、契約社員、パートタイマーの活用など、雇用のあり方から見直して効率的運営を進めることを考えていく必要があります。その結果、当然ながら賃金も多様化していきます。

⑵能力、仕事、成果の3つの体系から考えること

優秀な人材にはより高く払い（職能給）、付加価値の高い仕事につく場合にはそれに見合う額を（職務給）、成果が出たときにはその見返りを払う（業績給）——という３つの体系から、バランスを配慮した複合的な賃金体系を組むことが必要です。このことは当然、コスト（総額人件費）面での合理性の追求にもつながります。また、賃金を固定的なものではなく、変動的にとらえていくことにもなります。

⑶中・短期決済型の賃金を考えること

中途退職や中途採用が増加すると予想されるので、これからは会社に貢献した分は貢献した時期に還元していくという考え方を取り入れる必要があります。最近、年収管理制や年俸制を導入する会社が増えているのは、この中・短期決済型への転換と見てよいでしょう。

⑷相対額管理から絶対額管理方式へシフトすること

絶対額管理とは、現在の賃金額を毎年見直し、適正水準に近づけていく方式です。これからは、いまの賃金にいくら上乗せするかという相対額管理（昇給額管理）だけでなく、適正額そのものを常に見据えた絶対額管理の考え方も取り入れていく必要があります。

◆相対額管理と絶対額管理◆

ここがポイント 実情に即して、無駄なく賃金管理を行なうには絶対額管理が望ましい

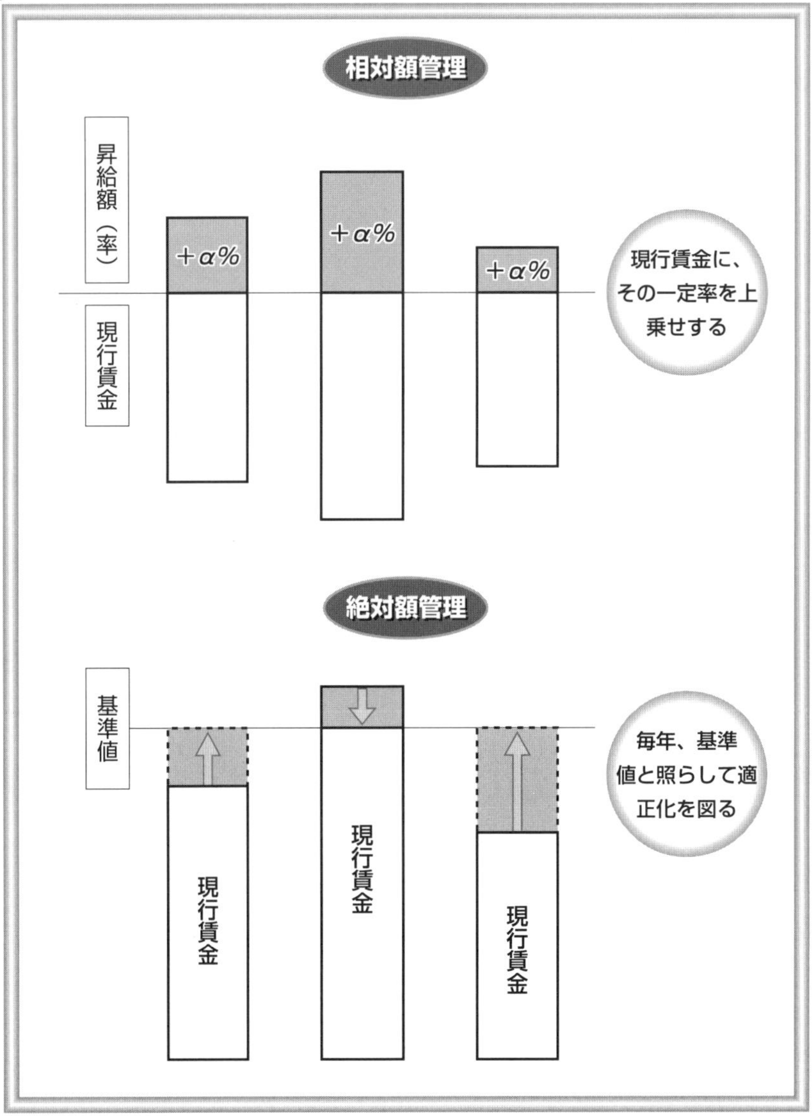

12 複合型賃金体系とは

■社員との契約による個別型制度がこれからの主流

◆ブロードバンド型等級制度

現在の経営環境の変化には、形式的、表面的な能力主義では、もはや対応できなくなり、会社と社員が契約を結ぶような選択と個別人事の時代が到来したといえます。それを示すのが、2000年代に入って行なわれるようになった、ブロードバンド型等級制度というべき人事システムと、それにもとづいた複合型の賃金体系です。

ブロードバンドとは、大きくくくるという意味で、等級数を少なくして、シンプルかつ柔軟な運用をめざした成果主義人事制度をブロードバンド型等級制度と呼びます。

次ページはその考え方を示したものですが、日本に根づいた職能資格制度の柔軟性を活かしながら、アメリカの職務中心型の等級制度の考え方も取り入れ、新たな制度を築くということになります。

賃金についても、アメリカでは、ブルーカラーは週給制が、ホワイトカラーは月給制や年俸制が中心で、職務に応じてまったく異なる制度がとられています。なかでもホワイトカラーは、年齢を問わず大幅なアップが可能な個別能力主義賃金が行なわれています。

この個別方式の考え方も取り入れ、画一化し、硬直化した賃金制度を根本から改革し、新たに「業績給」という第3の要素を組み込んで、真の能力主義のもとに的確に成果を反映できるものにしようというのが複合型賃金の基本的な考え方です。

複合型と呼ぶのは、職能給、職務給ー役割給、業績給を有機的に組み合わせることによります。これらを個々の社員との合意にもとづいて個別的に運用することが、新しい賃金制度の考え方です。

◆新しい人事・賃金体系の考え方◆

ここがポイント アメリカ型と日本型の長所を活かした複合型の賃金体系が主流になる

	日本型	アメリカ型
基準	人（年齢、勤続年数） ＋ 能力（職務遂行能力）	仕事（職務）
人事制度	職能資格制度	職務等級制度

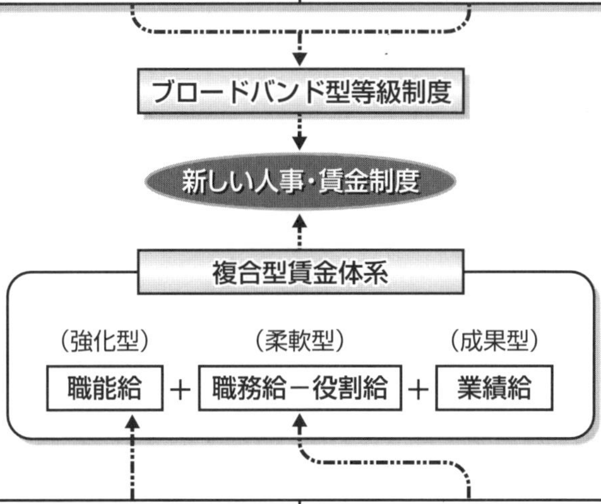

従来の賃金	人（年齢、勤続年数） ＋ 能力（職務遂行能力）	仕事（職務）

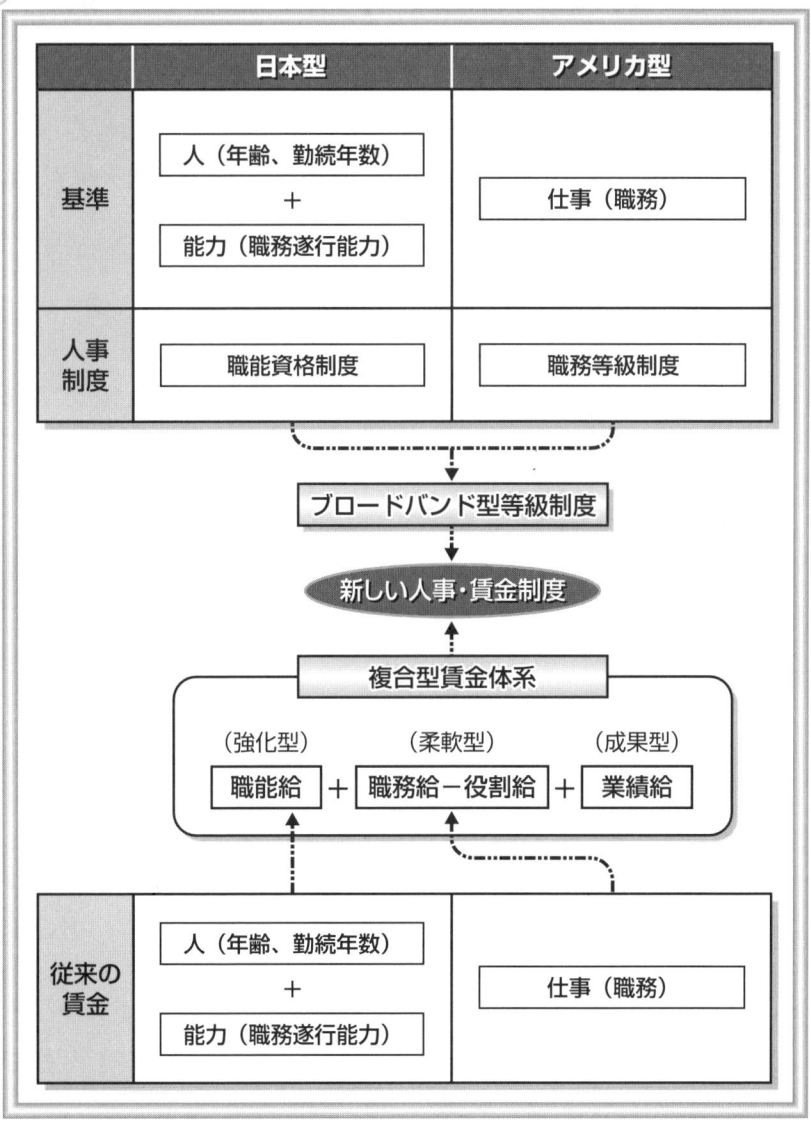

13 能力開発と複合型賃金

■能力開発の度合いに応じて賃金を決定するのが複合型賃金体系のカナメ

複合型賃金体系は、次の条件を満たすことが必要です。

⑴階層に応じて最適な賃金体系を設定し、複合的に組み合わせる

⑵人材モデルを多面的に設定、幅の広い運用ができる賃金体系にする

⑶社員本人の選択が可能な、複数の賃金体系を設定する

次ページはそのイメージを示したものですが、ここで大切なことは、社員のレベルを単なる年齢や勤続年数でではなく、能力開発期と能力発揮期というように、能力開発のレベルで区分することです。

いうまでもなく、これは能力の向上を図り、その度合いに応じて賃金を決めるという目的意識にもとづくもので、この区分によって年功制の弊害が排除でき、賃金制度が硬直化するのを防ぐことが可能になります。

では、この区分はどのような基準で行なえばよいのか、次に見てみましょう。

①能力開発期・前期（ジュニアクラス）

社会人になり、担当職務を通じて能力を開発し、育成していく段階です。この段階は、適性や能力を発見する期間として位置づけられるため、社員間の賃金には大きな格差はつけません。

新卒の初任給は、業種や地域によってほぼ相場が決まっているため、それをベースにします。最初は、社会人としての経験がないので賃金も低く、能力が向上するのを見届けたうえで昇給していく——という仕組みをとるのが望ましいでしょう。

②能力開発期・後期（シニアクラス）

職務経験（キャリア）を積み、ベテランとして能力が成熟してくる

◆新しい賃金体系のイメージ◆

ここがポイント これからは、階層別に個人の希望に応じられる複合型賃金体系が主流になる

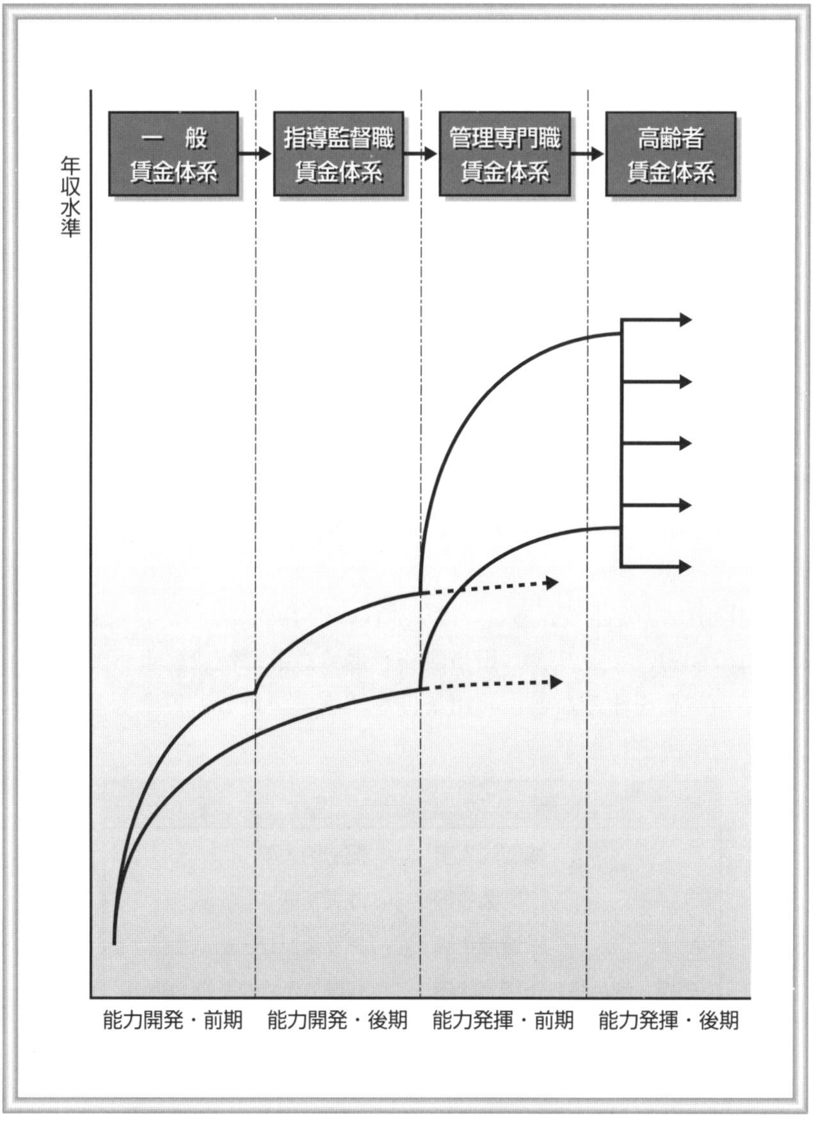

段階です。企画的な職務、後輩への指導、監督職務が期待され、一方で適性と本人の意思も固まってきて、能力差がはっきりと現われる時期なので、この段階は職能給を中心に考えます。ただし、能力主義を反映した、めりはりのきいた強化型の職能給にすることが必要です。

③能力発揮期・前期

これまでに培ってきたキャリアの完全発揮が期待される時期です。この段階は、社員が選択し、会社が認めた役割にもとづいて、正規管理職と高度専門職に分けられます。

・正規管理職

組織を統括する役割を担う、時間管理の対象とならない幹部社員です。抜擢主義人事を行ない、どの程度の役割を期待するかをもとにした役割給と、その達成度を反映した業績給の二本立てとします。

・高度専門職

管理職に匹敵するレベルの、付加価値の高い専門職です。管理職に準じ、それぞれの専門性の範囲と高さ（レベル）について個別に評価し、業界水準を参考にした賃金を実施します。

④能力発揮期・後期

この段階は、定年後、あるいは50歳代の後半の人たちが対象です。それぞれの能力、キャリア、担当職務、働く意欲、健康によって、パートタイム契約をするなど、雇用条件を個別に決定し、賃金もそれに応じて個別に決定します。

人事・賃金制度改革へのキーワード

集団的人事	⇨	個別的人事
時間管理	⇨	成果管理
減点主義	⇨	チャレンジ・加点主義
知識、秘められた能力評価	⇨	行動で示された能力評価
固定的	⇨	可変的

14 賃金体系を改めるときの注意点

■人材の活性化ができなければ、賃金体系を改めても意味がない

賃金体系を改定する最終的な目的は、人材の活性化にあります。そのためには、とくに次の点に配慮することが大切です。

⑴明確な評価基準を設ける

複合型賃金は基準が複雑になるため、客観的で公正かつ明確な評価を行なうための仕組みづくりが重要です。その方法として、**目標管理制度**の手法を活用して個別の業績評価を行なったり、能力を目に見える行動でとらえていこうとする**コンピテンシー**の考え方による評価制度を導入する会社が増えています。

⑵コミュニケーションをよくする

評価の仕組みができても、社員が納得しなければ、うまく運用されません。それには、上司（会社）と部下とのコミュニケーションがとくに大切で、最近はその手段として面接制度を取り入れる会社が増えています。面接は、情報を共有するとともに、信頼関係を築くための有効な手段として重視されてきているのです。

⑶社員がやる気を出すように配慮する

職能を基準にした賃金制度では、能力の向上が昇給をもたらし、社員のやる気に結びつくことになります。したがって、社員のやる気を高めるには、能力開発が効果的に行なわれるような態勢づくりに配慮することが重要です。

▶目標管理制度――「目標による管理制度」ともいいます。1950年代にアメリカの経済学者ドラッカーが提唱したもので、「自主管理を前提とした個別の目標によるマネジメント」が本来の意味。人事部門では主に、目標を客観的にとらえて達成基準を明らかにして人事考課に連動させることを指します

▶コンピテンシー――優れた成果を継続して得ていくために発揮される、日ごろの行動のパターンをいいます。実際には、優秀とされる人物をモデルとし、その行動を基準にして評価します

memo

第2章

新しい賃金制度への準備

15 賃金制度改革の手順

■最初に、参考にするモデル賃金資料を整えておこう

新しい賃金制度への改革は、次の４つのステップで進めます。

⑴現状の分析

⑵人材ビジョンの策定

⑶問題点の把握と改善方針の決定

⑷新人事・賃金制度の設計、実施

具体的には、次ページの手順で進めていくわけですが、まず、その前に次のことをしておく必要があります。

①労働基準法などの法規に適合しているかをチェックする

②業界や地域のモデル賃金資料を入手し、参考にするものを決める

②のモデル賃金資料は、モデルとなる社員の賃金水準について、会社の規模、学歴、業種、職種、性別などの区分ごとに、多数の会社の実態からアンケート形式で集計し、その平均値を算出したものです。

このモデル賃金には、全国版として日本経済団体連合会（日本経団連）の「定期賃金調査」や中央労働委員会の「賃金事情等総合調査」が、地方版としては、東京都産業労働局の「中小企業の賃金事情」や、各地の商工会議所や金融機関で発表されているものがあります。また、**実在者賃金**を資料にしたい場合は、厚生労働省の「賃金構造基本統計調査（賃金センサス）」を利用することもできます。

これらを利用する場合、統計のとり方から集計企業の構成による水準などに違いがあるので注意しましょう。それぞれの調査要領からその特徴をつかみ、２つ以上の資料を用いるのがコツです。

▶実在者賃金――モデル賃金は標準者を想定して理論的に表わしたものですが、実在者賃金は、企業に在籍する人たちの実際の賃金の統計をもとに作成したものです

◆人事・賃金制度改革の手順◆

ここがポイント 人材ビジョンを明確にすることが「改革」のカナメになる

1　自社の人事・賃金制度の現状を把握する

- 賃金3原則に照らしてどうか
  - 労働の対価の面での現状分析
  - 生活費としての面での現状分析
  - コストの面での現状分析
- 現行賃金の賃金構成はどうなのか
- 社員は、現行の賃金体系に対してどんな意識をもっているか

2　経営ビジョンをもとに、人事の基本理念を明確にする

3　人材ビジョン（あるべき姿）を策定し、問題点を明確にする

4　人事制度のフレームワークを設計する

- 人事の基本基準を策定する
- 人材モデルを設定する

5　新賃金制度の設計を進める

6　賃金表（賃金テーブル）を具体的に作成する

7　新賃金制度への移行ルールを決め、移行作業を開始する

16 労働対価の妥当性を見る

■モデル賃金のカーブと自社の賃金カーブを比較する

賃金制度の改革では、自社の現在の賃金体系の実態がどういうものなのかを分析し、的確に認識しておくことが大切です。いうまでもなく、これは新しい賃金制度の方向を見きわめるために行なうものだからで、よい面があればそれをより伸ばし、問題点があれば、積極的に改めていきます。

◆賃金の分布状態を分析する

1章で、賃金は賃金3原則を同時に満たしていなければいけない、と述べました。したがって、その賃金3原則に対して現実はどうなのかを見ることが大切で、ここではまず、その第1原則の、労働の対価として妥当かどうかを分析します。

労働の対価とは、社員個々の労働力としての値段（賃金額）が妥当かどうかをいいます。言い換えると、条件ごとに設定した個別賃金が質的に適正かどうかということです。この分析は、賃金の分布状況をグラフ化し、モデル賃金と比較する方法で行ないます。

⑴モデル賃金の推移図を作成する

横軸に年齢、縦軸に賃金額をとったグラフを用意し、これに、次ページの例のように、前項で参考資料として選んだモデル賃金の推移を折れ線グラフで記します。

この推移図は、所定内賃金額のものだけをつくるのが普通ですが、より正確に分析するには、別に縦軸を年収額にしたものも作成しておくとよいでしょう。

モデルとする年収額のとり方には、次の2通りの方法があります。

ⓐ月例所定内モデル賃金の12ヵ月分に、前年1年間のモデル賞与を合

◆モデル賃金の推移表◆

ここがポイント まず分析の資料にするモデル賃金の年齢別推移表を作成する

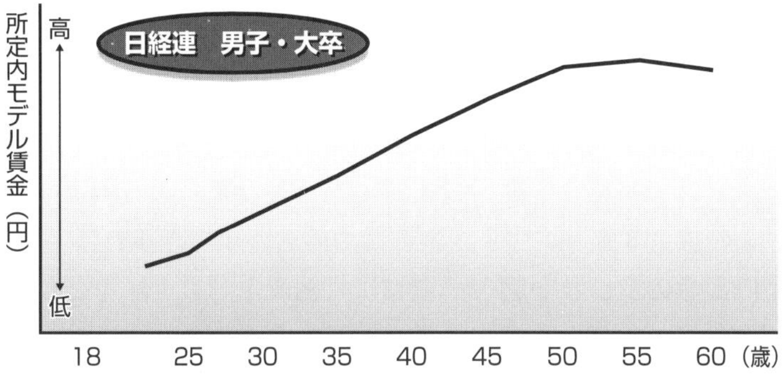

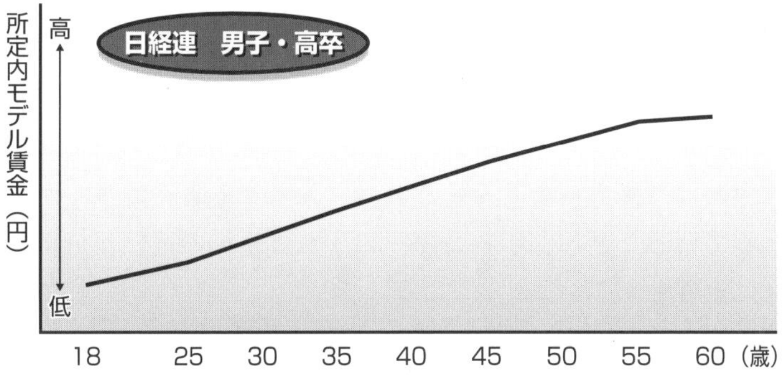

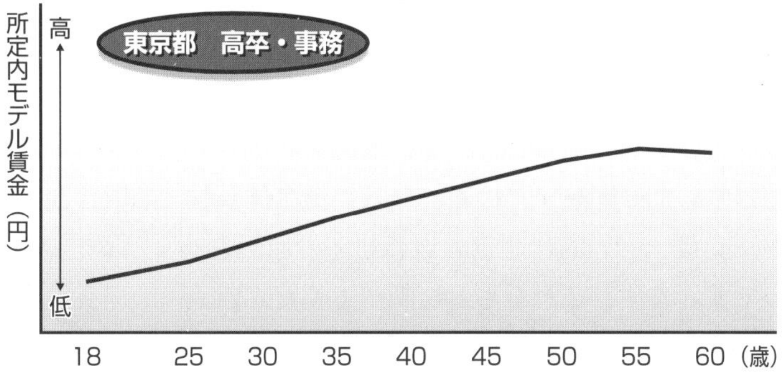

算した額を用いる方法

(b)実際の年収賃金額を用いる方法

このうち(b)は、残業などの所定時間外手当を含んでいるため、賃金の実態値を見るのに有効です。

(2)自社の賃金分布図をつくる

(1)で作成したモデル賃金の推移図に、自社の各社員の賃金を該当するポイントにプロッティングします。

こうして、個々の賃金を落とし込んだグラフを「賃金プロット図」といいます。モデル賃金の推移図を所定内賃金と年収額の両方つくった場合、この賃金プロット図も、次の２つのものができるわけです。

・**所定内賃金のプロット図**――縦軸に月例所定内賃金額をとり、自社の実態と、モデル賃金や実在者賃金などの参考指標とを比較・分析するものです。

・**年収賃金のプロット図**――縦軸に１年間に支払われた賃金の額（年間総支給額）をとり、実態とモデル年収を比較・分析するものです。

なお、誤解のないようにいっておくと、横軸を年齢としたことは、年功制賃金とは関係ありません。これは、比較する資料の多くが年齢を基準としていることと、年齢をキーにすれば水準の違いが分析しやすいことによります。

(3)モデル賃金との格差の原因を探る

分析は、まず、年齢別の比較・検討から始めます。これは、次のように進めてください。

①自社の賃金とモデル賃金の格差が大きい年代をチェックする

②格差が大きいものについて、その原因を調べる

③格差が生じた原因をまとめて、新しい賃金体系設計の資料とする

次ページは、一般的に想定される格差の原因をチェックリストにしたものです。まず、これをもとに調べてください。

(4)プロットの分布状態を分析する

◆格差の原因を探るチェックリスト◆

ここがポイント 格差を見つけたら、まず次の項目に照らして原因を探ってみよう

勤続年数	入社した年次ごとの格差が是正されずにきていないか
学　歴	初任給での学歴による格差が継続したままきていないか
扶養家族数	家族・住宅手当以外の要素で扶養者の数が賃金に影響していないか
勤務地	合理的な基準なく、勤務地ごとに格差をつけていないか
転勤者	転勤者と現地採用者の格差づけが不適当ではないか
職　種	合理的な基準なく、職種によって格差をつけていないか
役　職	それぞれの役職の責任の度合が反映されているか
	役職につく前に支払われた時間外手当の分が補填できているか
資　格	業務での必要性、資格取得の難易度を適切に評価しているか
能　力	客観的な評価によって能力が反映されているか
仕　事	担当している仕事の内容や質的レベルを反映しているか
成果・業績	客観的な評価によって、業績が反映されているか

次に、全体的にプロットがどう分布しているかを見ます。これは、次ページのように、(a)弓なり型、(b)中高年層高負担型、(c)年齢非対応型という3つのパターンのいずれかを示すのが一般的で、それぞれ、次のような原因が考えられます。

(a)弓なり型

年功的な処遇を行なう一方、新卒社員をはじめとした若い社員の昇給も厚くしてきた会社に見られるパターンです。そのシワ寄せとして、中堅層に中だるみ現象が起きています。

この場合、働きざかりの社員について、能力、職務・責任や業績などを再度評価し、賃金水準の見直しを図っていく必要があります。

(b)中高年層高負担型

年功的な昇給を続けた結果、徐々に平均年齢も高くなり、これから定年を迎える社員が次々に出てくる会社などに見られるパターンです。問題が大きく、退職金制度の見直しなども含めて、根本的な改革が求められます。

(c)年齢非対応型

年齢と賃金水準の相関関係がそれほど見られないタイプです。これは、たとえば、創業からまだ日が浅いＩＴ産業など、中途採用を中心にして急速に伸びた会社によく見られるパターンです。

この原因のひとつとして、基準にもとづいた的確な賃金管理がなされてこなかった場合が考えられます。たとえば中途採用時に、前の会社の賃金額を保証することで初任給が決定され、その後の見直しがされてこなかったりすると、こういう形になりやすいのです。

また、毎年の人事考課と賃金査定が的確になされてきたかどうかも気になります。この場合、社員に対して面談調査を行なうと、問題点がはっきりします。

◆賃金の分布パターン◆

ここがポイント 賃金の分布パターンの形状によって特定の理由が考えられる

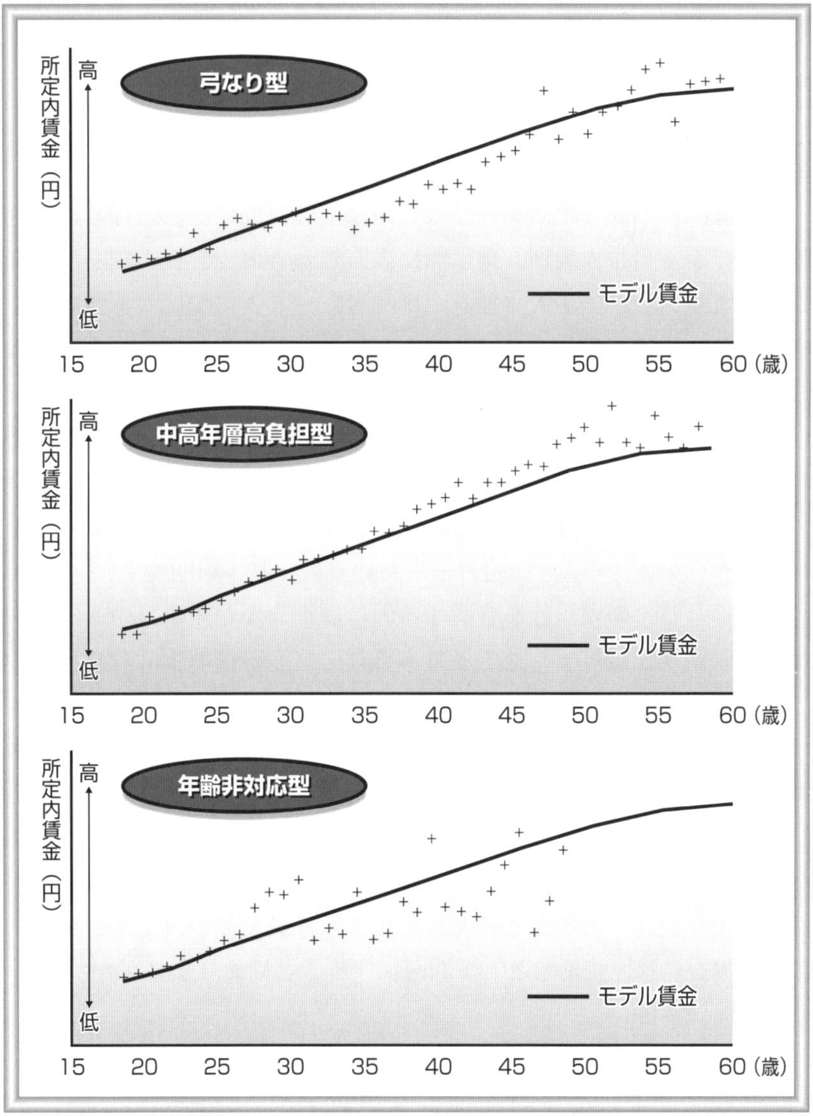

17 生活給としての妥当性を見る

■まずは、標準生計費を上回っているかどうかが目安になる

◆生活給は下げられない

生活給としての賃金水準を分析する場合、通常、標準生計費という指標が用いられます。

これは、標準的な生活を行なうために１ヵ月間に、どの程度の生活費が必要かを世帯人数別、地域別に表わしたもので、人事院と都道府県の人事委員会が、１人（独身・単身者）～５人（配偶者を含め扶養家族４名）までの世帯について調査し、公務員の給与を決定するための資料（人事院勧告）として発表しています。

また、この標準生計費に一定の比率を乗じるなどして、健康で文化的な生活を営む最低レベルの生計費を対象にする方法もあります。

いずれにせよ、生計費としての意味合からいうと、賃金はアップさせてもダウンさせることは避ける、というのが基本原則です。

生活給としての妥当性を判断するのはなかなかむずかしいものですが、年収水準を12等分した１ヵ月あたりの賃金が標準生計費を上回っていれば、まずは生活給水準をクリアしているといってよいでしょう。

ただし、人事院の資料の生計費は消費支出を対象にしていて、**非消費支出**は含まれてはいません。この非消費支出には、社員が別途負担している分もあるので、計算に際しては注意が必要です。

独自に、標準生計費を上回る金額で、自社の社員としてあるべき生活費水準を設定することも考えられます。社員全体の賃金水準が相当に高い場合には、生活給として問題になることはありません。

▶非消費支出――所得税などの税金や健康保険、厚生年金保険などの社会保険料をいいます

◆標準生計費の構成◆

ここがポイント　標準生計費の金額以上なら、いちおうは生活給の条件をクリアしているといえる

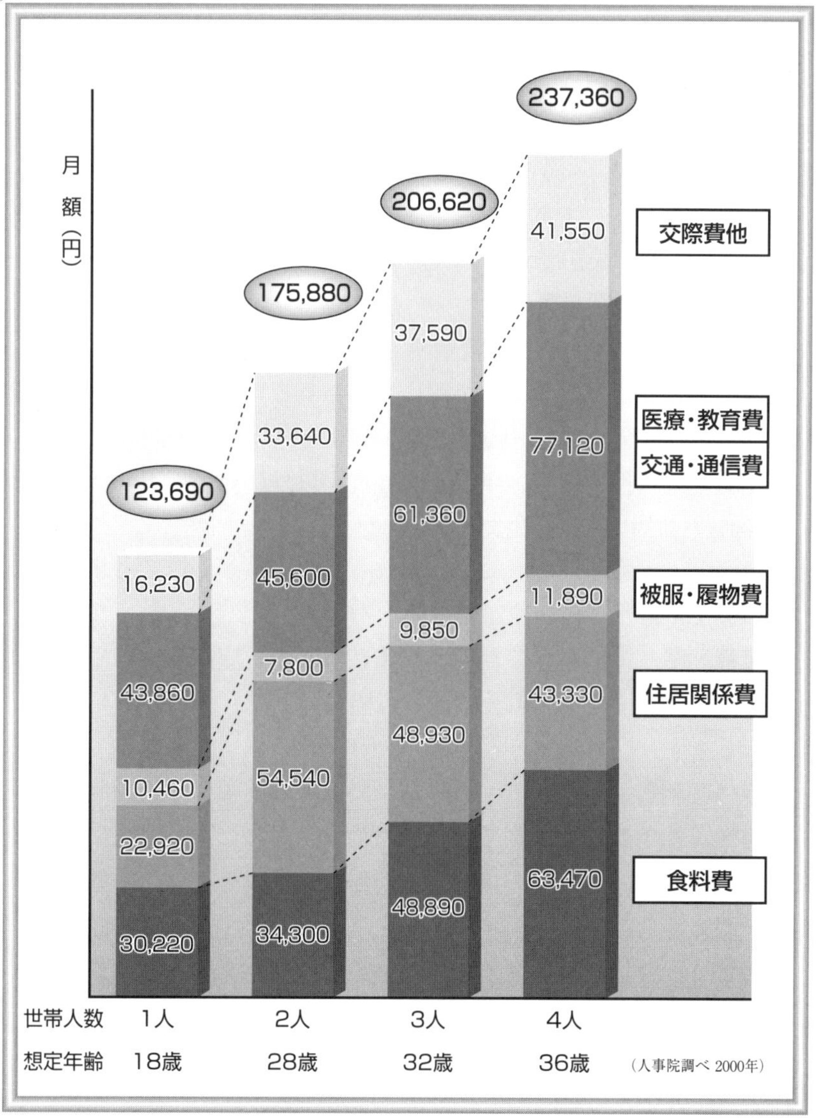

18 コストとしての賃金を見る

■人件費全体の中で、コストの適正配分を考えることが大切

賃金は人件費というコストに含まれます。人件費とは、会社が人を雇うことによって生じる費用のすべてを指し、その意味で、「総額人件費」ともいいます。

賃金をコストとして考える場合、この総額人件費との兼ね合いの中でとらえることが大切です。

⑴総額人件費の内容を見る

総額人件費は、現金給与と現金給与外人件費に分けられます。

現金給与とは、要するに1年間に支払われる賃金のことで、所定内賃金、所定外賃金、賞与（臨時給与、一時金）から成ります。

現金給与外人件費とは、年収となる賃金以外に要する人件費のことで、これには次のものが含まれます。

・**退職金**――退職したときに支払われるものですが、ここで示されているのは1年あたりの増加額です。

・**法定福利費**――健康保険料、厚生年金保険料、雇用保険料や労災保険料など、法律で定められた公的な保険に対して、会社が負担する費用を指します。

・**法定外福利費**――会社ごとに独自に設けられた福利厚生制度にかかる費用で、社宅の補助、制服の貸与や給食、さらに医療保険に関する費用、慶弔見舞金、文化・体育・その他レクリエーションの補助の費用などがあげられます。

・**その他**――社員を採用するための募集費や現物支給、教育訓練費など、人を雇うためにかかる費用が含まれます。

ここではまず、総額人件費や現金給与外人件費の内訳を調べ、比重

◆1カ月あたりの人件費の内訳◆

ここがポイント　現金給与外人件費は、現金給与の4分の1程度というのが一般的

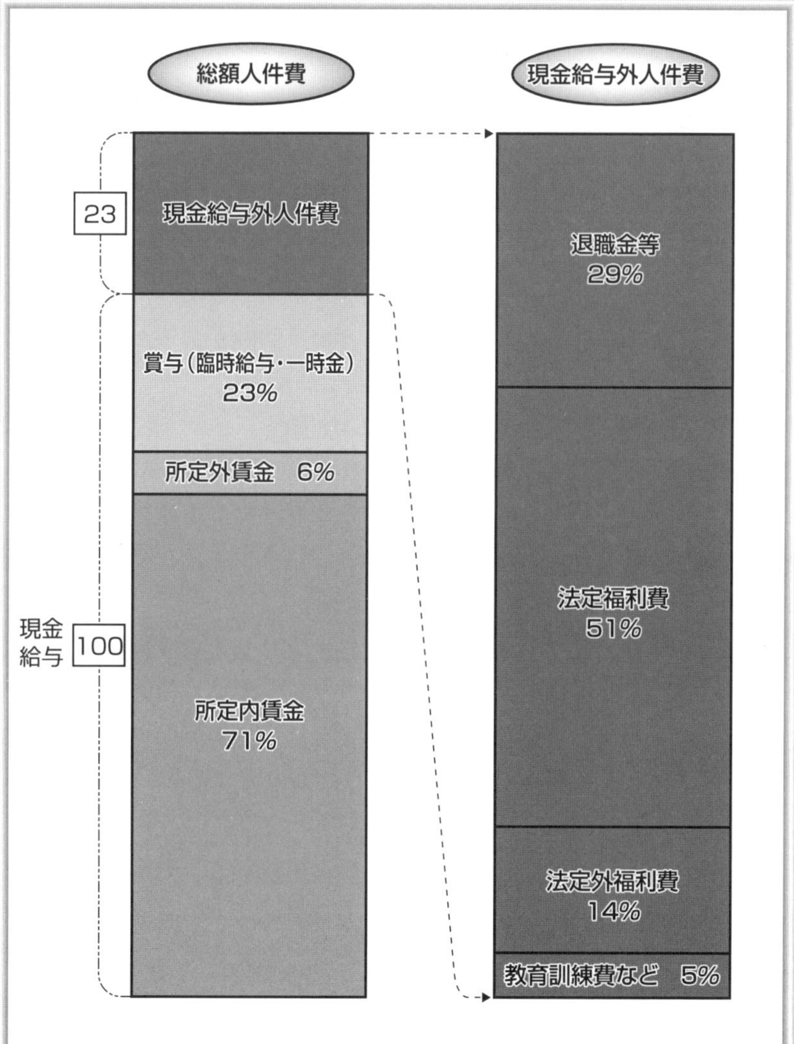

（厚生労働省調べ）

が偏りすぎていないかどうかをチェックします。前ページは総額人件費と現金給与外人件費の平均的な構成比を見たものですが、ここでは次の点を目安にチェックしてください。

・現金給与を100とした場合、現金給与外人件費は25程度が一般的
・総額人件費の内、所定内賃金を100とすると、その他の人件費は70ぐらいかかる

⑵労働分配率と労働生産性を見る

労働分配率と労働生産性は、人件費の効果を見るものです。

会社は、経営活動によって何らかの付加価値を生み出しています。この付加価値額に対して、人件費の占める割合が「労働分配率」です。

労働分配率は業種によって大きく異なります。しかし、景気が悪化すると高くなり、よくなると低くなるという傾向があるため、ここでは次の２つの視点から自社の状態を分析します。

①同業他社と比較し、大きな差異がないか調べる
②過去の推移を見て、異常の有無を調べる

一方、付加価値額を全社員数で割った額を「労働生産性」といいます。これは社員１人あたり、どれだけの価値を生み出しているかを示すもので、会社の収益力の指標となります。

会社は労働分配率を下げ、労働生産性を上げることをめざすわけですが、一般に、外注化やアウトソーシング化、派遣社員の活用、契約社員化、パートタイマー化などというように雇用形態が変わると、人件費が削減され、労働分配率が低下する傾向があります。

⑶平均賃金を見る

平均賃金とは、その会社が支払った賃金の総額を、対象となる社員数で割った金額をいいます。つまり、人件費のうち、賃金としての平均コストを指すものです。この場合、年齢や勤続年数の平均値も参考にします。平均年齢の上昇にあわせて、平均賃金も年々高くなってきている会社は要注意です。

19 賃金構成を見る

■人件費全体の中で、コストの適正配分を考えることが大切

賃金構成とは、賃金の構成要素それぞれが、どれだけの割合を占めているかということです。これは、業種や会社の事情などによって異なりますが、同じ業界や地域、同規模の会社と比べて大差があったり、従来と大きく変化しているような場合、何らかの問題があり得るため、とくに次の点についてチェックしてください。

⑴賃金の項目ごとの構成比率はどうなっているか？

・年収に占める月例賃金の割合――要するに、月例賃金と賞与の比率のことです。賞与に対して月例賃金の比率が低すぎると、生活給として不安定なものになります。

・月例賃金に占める所定外賃金の割合――所定内賃金に対する所定外賃金の比率を見ます。所定外賃金が大きすぎると、残業など所定時間外労働が減った場合や、部署や社員によって、賃金水準のバランスが崩れるなどの不安定要因となります。

・所定内賃金に占める基本給の割合――基本給と諸手当の比率を見ます。基本給の比率は８～９割というのが一般的で、それが低すぎる場合は賃金体系にひずみが生じている恐れがあり得るため要注意です。

⑵算定基礎額はどうなっているか？

算定基礎額とは、昇給や賞与、退職金の計算のもととなる賃金の項目をいいます。これは、基本給に一部の手当を足すというやり方をしているところが多いようですが、その比率が大きい場合、年功賃金的な性格が強いことが考えられます。

⑶就業規則、賃金規定、退職金規定のとおりに運用されているか

手当などが、賃金規定にきちんと記されているかもチェックします。

20 意識調査からの分析

■不満を汲み取り、「やる気」の出る賃金体系の礎にする

◆本音を聞き取る

個々の社員に対する直接面談（聞き取り調査）やアンケート調査などによって、賃金に関して意識面からの問題点を把握するものです。

面談にしてもアンケート調査にしても、当事者として現在感じている本音を探り、さらに１人１人の改定の足掛かりとなる、前向きな意見を聴き出すことがポイントとなります。

当然ですが、自分の賃金が高すぎると思う人はめったにいません。多くの人は低いと思う傾向にあります。

しかし、ここで重要なのは、どういうときに、何（誰）と比較して低いと感じているか（感じたか）という実態をつかむことです。

なかには、月々支払われる月例賃金はまずまずなのに、たまたま賞与の時期に友人と比較して意気消沈し、その後、自社の賃金水準が低いと思い込んでしまったり、社内で他の人の賃金を知ったことによって自分が不当に差別されていると感じている例なども見られます。

また、管理職になったら時間外手当が支給されなくなり、そのために不満が発生しているような場合もあります。

賃金は直截にやる気に響くものです。これらの不満を放置しておくとモラール（士気）の低下をもたらす恐れがあります。

調査をもとに不満の原因を分析し、問題点が把握できたら、それを整理して新しい賃金体系に反映させることが、社員のやる気を出させ、会社を活性化させることになるのです。

次ページに、社員への賃金に対する意識調査アンケートの見本例を掲げておきますので、参考にしてください。

◆人事・賃金に対するアンケート調査の例◆

A ○＝「はい」　×＝「いいえ」　△＝「わからない」で答えてください

		○	×	△
1	会社の経営は、現在うまくいっていると思いますか			
2	会社の方針や指示は、社員に徹底されていると思いますか			
3	会社は、社員の気持ちの理解に努めていると思いますか			
4	職場での人の配置や仕事の割当ては適切だと思いますか			
5	職場では、仕事の責任の所在は明らかになっていますか			
6	自己目標の設定は的確に行なわれていると思いますか			
7	職場内での仕事の報告や連絡はうまくいっていますか			
8	担当する仕事の量が、多すぎると思うことがありますか			
9	担当する仕事の質的レベルが高すぎると思うことがありますか			
10	担当する仕事で、疲れることがたびたびありますか			
11	担当する仕事で、自分のアイデアや工夫が活かせると思いますか			
12	担当する仕事について、上司の指導は適切だと思いますか			
13	昇進や昇格は公平に行なわれていると思いますか			
14	職場の運営で、社員の意見が活かされていると思いますか			
15	自分の職場はまとまりがあると思いますか			
16	上司とは信頼感をもって接していますか			
17	休憩時間は充分に休めますか			
18	有給休暇は、ほぼ希望通りに取得できていますか			
19	賃金は仕事に見合う水準だと思いますか			
20	昇給や賞与の決定は公平に行なわれていると納得していますか			
21	会社は、職場の安全や快適さに充分に配慮していると思いますか			
22	会社は、新しい設備や機器の導入に積極的だと思いますか			
23	いまの自分の仕事にやりがいを感じていますか			
24	いまの自分の仕事は、社会に役立つ有意義な仕事だと思いますか			
25	自分が職場や組織を支えているという実感がありますか			
26	いまの自分の仕事にマンネリを感じることがありますか			
27	自分の将来に不安を感じることがありますか			
28	頑張れば上司や会社に評価され、報われると思いますか			
29	会社は、社員の能力開発に努めていると思いますか			
30	もっと、自分自身に知識や技術を身につけたいと思いますか			

B あなたの考えに該当するものの番号を○で囲んでください

31	会社の施設で、改善したほうがよいと思うのは何ですか? (複数回答でも結構です)	1	更衣室
		2	洗面所
		3	事務室
		4	什器備品
		5	休憩室
		6	その他(　　　　　　　　　)
32	これからの人事制度については、どの考え方に賛成しますか? (1つだけ選択)	1	抜擢や降格のある、明確な能力主義人事
		2	年功と能力のバランスを配慮した人事
		3	現状のままでよい
		4	その他(　　　　　　　　　)
33	これからの賃金はどうあるべきだと思いますか? (1つだけ選択)	1	アップダウンしても成果に直結した賃金
		2	大きなアップはなくても安定した賃金
		3	現状のままでよい
		4	その他(　　　　　　　　　)
34	現在のあなたにとって、もっとも大事な生きがいは何ですか? (1つだけ選択)	1	仕事
		2	家族
		3	趣味
		4	自己の能力向上
		5	その他(　　　　　　　　　)
35	会社の10年先の姿をどう見ていますか? (1つだけ選択)	1	同業他社より、大きく成長している
		2	同業他社と同じくらい成長している
		3	現状維持程度
		4	現在より悪くなっている
		5	その他(　　　　　　　　　)
36	10年後のあなたはどうしていると想像しますか? (1つだけ選択)	1	当社に勤務している
		2	別の会社に勤務している
		3	定年を迎えている
		4	その他(　　　　　　　　　)
37	会社を、今よりもっとよくするために要求したいものは何ですか? (1つだけ選択)	1	やりがいのある仕事
		2	収入の増加
		3	昇進や昇格
		4	安定し、安心して働ける職場
		5	その他(　　　　　　　　　)

C ふだん感じていることや、会社への要望などを自由に記入してください

D 最後に、あなたご自身について、該当するものの番号を○で囲んでください

(a)	あなたは右のどれにあてはまりますか	1	課長以上の管理職社員
		2	管理職を除く役付社員
		3	その他一般社員
(b)	あなたの年齢はどれにあてはまりますか	1	30歳未満
		2	30歳以上40歳未満
		3	40歳以上50歳未満
		4	50歳以上
(c)	あなたの勤続年数はどれにあてはまりますか	1	3年未満
		2	3年以上10年未満
		3	10年以上20年未満
		4	20年以上
(d)	あなたの職種は大きく分けてどれですか	1	営業
		2	製造
		3	事務
		4	その他
(e)	あなたの勤務地はどこですか	1	本社
		2	支店・営業所など、本社以外

御協力ありがとうございました

回答者の属性に関する質問は、当人が特定されないという安心感を与えるように配慮して作成することが大切

21 人事の基本理念を明確にする

■まず、経営トップの考え方を確かめよう

◆経営理念が原点

賃金の現状分析が終われば、人事の基本理念を明確にし、人事計画策定の作業に入ります。

これは次ページのように進めますが、ここでとくに重要なのは、経営トップに経営理念にもとづいた人事ビジョンのあり方を確認することです。賃金は人事管理のもっとも重要な要素であり、人事は経営の要諦なので、この作業は賃金制度の成否を決めるカナメとなります。

また、人材活用策として次の点の確認もしておいてください。

①社内から社外へ——人材の転換を図るか

・脱人材策をとる──→アウトソーシング

・一時的に脱雇用策をとる──→派遣社員の活用

②社外から社内へ——どのような形で人材を補充するか

・即戦力を補強する──→中途採用（正社員・契約社員・パート）

・新人を育てる──→新卒採用

③社内から社内へ——現有の人材をどう活用するか

・脱人材策をとる──→機械化、情報化

・優秀な人材を、より責任ある職につける──→登用策の強化

・適材適所を図る──→異動配置（ローテーション）

・能力開発を充実する──→育成・教育策の強化

・定年後の社員を活用する──→再雇用（正社員・契約社員・パート）

人材活用の選択肢はどんどん広がってきていて、これにともなって人事や賃金の考え方も多様化、複雑化しています。それを確認し、具体的な人事・賃金制度を考えるベースとするわけです。

◆人事計画策定のチャート◆

ここがポイント　人事計画なくして、「よい賃金体系」はあり得ない

1　経営理念、事業構想を経営トップに確認する

- 経営理念、将来の事業構想をどう考えているか
- 事業構想を実現するために、どのようなヒト資源が必要か

2　人材ビジョンを策定する

- 期待される人材像はどのような人材か――あるべき姿を描く

3　現状を分析し、問題点を把握する

- 社員の実態をどう見るか
- 実態とあるべき姿の間にどんなギャップがあるか

4　問題点を整理し、人事ビジョンを策定する

- 課題をまとめ、改善策を考える
- 今後の方向づけをする

5　中期人事計画を立案する

- これから、どのように人材活用を展開していくか
- アウトソーシング、採用、登用、育成などの方針を定める

6　年度人事計画を立案する

- 初年度は何から実行に移すか

22 人事の方向を定める

■「あるべき姿」へどう近づいていくかが基本方針になる

◆課題の明確化

もうひとつ、経営トップに確かめておきたい重要なことは、自社の将来への事業構想を実現するにはどのような人材が期待されるのか、ということです。

そのイメージを、なるべく具体的に描いてもらえば、それだけ将来の発展に向けての人事の基本構想が明確になるといえます。いうまでもなく、人事管理というのは会社に必要な人材を確保し、育成することが最終的な目的で、そのために人事システムや賃金制度が構築されるべきだからです。

人事担当者は、トップの期待する人材像を、より具体的な形に煮詰めて「あるべき姿」にまとめます。そして、それをもとに現状の問題点を探って課題として整理し、改善の方向づけを行ない、人事計画を策定していくことになります。

その作業の手順は次ページのとおりですが、ここではとくに、「最初に問題あり」という考え方をしないように注意してください。

問題を探すというと、どうしても欠点や短所などをあげつらうことに終始しがちです。しかし、ここで求めていることは、そんな粗探しではなく、あくまでも会社が期待する将来的な人材像と現時点のギャップを明らかにし、課題として把握することなのです。

あるべき姿が明確なら、問題点ははっきりと浮かびあがってきます。問題点が明らかになれば、解決の方向もおのずと見えてきます。その方向に向かって人事計画を立案すれば、会社の将来構想にもっともふさわしい人事・賃金制度が実現できるわけです。

◆あるべき姿を人事計画化する手順◆

ここがポイント あるべき姿を実現するための手段が人事計画である

あるべき姿を具体的に描く	例「家族的な風土の中にも活力があり、能力主義人事を基本に、若くても幹部候補としての意識が高く……」など

↓

現状の問題点をまとめる	例「・とくに若い社員の定着率が低く、１年以内に半数が退職している ・相対的に見て、若い社員の賃金が低い ・なかでも、よい業績をあげている社員から不満が出ているのが目立つ」など

↓

あるべき姿と現状とのギャップを整理する──→課題化

↓

課題改善の方向づけをする	例「採用時から適性を的確に把握し、計画的に指導、育成を図る一方で、若年社員向けの活性化策を打ち出すことが求められている」など

↓

中期人事計画に盛り込む	例「・採用基準について見直し…… ・目標管理制度を導入して、明確な目標意識を持ち、コミュニケーションをよくし…… ・若くても、能力・意欲に応じて報われる賃金制度を検討、導入し……」など

↓

年度人材計画に盛り込む	例「・総務部と担当部署の人員が2名以上で採用面接に臨み、採用条件を明示する ・半期末に定期面接を実施する ・目標が達成できれば、業績に応じて若年でも相当アップ可能な賞与制度を導入する」など

23 人事制度の骨格をつくる

■「あるべき姿」を職掌—階層別に描く

「あるべき姿」は、その人の職務や立場によって異なります。人材を育成する場合、そのそれぞれの職務や立場ごとにどのような業務が求められ、それを遂行するためにはどのような能力が必要か、管理の基準となる枠組みをつくることが必要です。

その枠組みをつくることを人事制度のフレームワークといい、次ページのように、横に職掌、縦に階層をとった表の形で示します。

◆職掌の分け方

職掌は、事務職、営業職、製造職などの職種のことです。これは、業務部門によってではなく、仕事の性質の違いによって区分します。

◆階層の分け方

階層は、能力の伸張度や役割のレベルに応じて区分されるもので、まずは3段階くらいで設定してみます。

⒜一般担当職層

未熟練者から一般担当者までのレベル。最初は、上司や先輩から手取り足取りで指導や助言を得ながら、徐々に自分が担当する仕事を確立していく段階です。

⒝指導監督職層

ベテランとなり、いままでの経験を発揮して、企画的な業務など、高いレベルの仕事を担当しながら、合わせて後輩の実務指導なども行なう段階です。この層は、小グループのリーダー（監督職）を担う場合も考えられます。

⒞管理・専門職層

管理職層と専門職層に分けて設定します。管理職層は、部長や課長

◆人事のフレームワーク◆

ここがポイント あるべき姿を、職掌と階層の対応によって体系化する

階層区分	等級	職掌				
		事務	営業	製造	技術	その他
管理・専門職層	6					
	5					
指導監督職層	4					
	3					
一般担当職層	2					
	1					

職掌ごとに、各階層・等級に要求される職能や役割の基本事項を記載する

↓

各欄について、要求される職務内容と能力を詳細に検討し、基準化する

↓

基準を整理し、「職務基準書（役割基準書）」と「職能要件書」にまとめる

などの管理職として、会社側の立場で正規に組織を担当するレベルです。一方の専門職層は、直属の部下がいなくても、管理職と同等に評価される専門職として、相当に高度な職務（付加価値の高い仕事）を担当することが期待されるレベルです。

◆等級の分け方

等級は、階層を人事制度の運用面からさらに細分化したものをいいます。

業種や職種によっても異なりますが、等級の分け方は次のように行なうのが普通です。

・**一般担当職層と指導監督職層**——「職能による管理」をベースとして、能力開発の段階に応じた形で等級を設定する

・**管理・専門職層**——**「役割による管理」**をベースとし、それぞれの役割の違いに応じた形で等級を設定する

ところで、全体に何段階の等級を設定するかということですが、これは、以前の大企業中心の職能資格制度では、9等級、12等級、15等級というように、等級数を多く設定するのが大半でした。しかし最近では、ブロードバンディングといって、等級数を5ないし6等級程度と少なくしてシンプル化するのが一般化しています。

前ページのフレームワークの例はそれによるもので、各階層をそれぞれ2段階の等級に区分し、計6等級制をとっています。

このように等級がシンプル化された背景には、**昇格**の基準が曖昧になり、年功的な職能給が形骸化してしまったことがあるといってよいでしょう。

つまり、形骸化した従来の賃金に代わって、これからの賃金は実態に即した柔軟でメリハリのきいたものでなければならないという考え方が主流になったことによります。

▶役割による管理——ここでいう役割は、担当職務の責任の重さと期待される付加価値の大きさを表わすもので、「職責」という場合もあります

▶昇格と昇進——「昇格」は等級制をとっている場合、上の等級に上がること、「昇進」は、たとえば係長から課長へというように、上の役職位に登用されることをいいます

24 職務・役割基準をつくる

■フレームワークに沿って、仕事の内容を整理する

フレームワークができたら、職務調査を実施し、その結果にもとづいて人事の基本基準を作成していきます。

まず職務調査ですが、これは会社での仕事を課業という「目的を持つ仕事の最小単位」で洗い出し整理することで、階層によって方法が異なり、一般担当職層と指導監督職層の場合は次のように進めます。

①単位業務ごとに、各部門で現在行なわれている課業を洗い出す
②課業の難易度を判定する
③課業一覧表としてまとめる

①では、現在は行なわれていなくても、本来行なうべき課業や近い将来、行なう予定の課業もあげておきます。

管理・専門職階層の場合は、次のとおりです。

・管理職層
①それぞれの職掌ごとの役職位に応じて、単位業務を洗い出す
②求められる役割を明らかにする
③それぞれに求められる責任と権限（裁量範囲）をまとめる

・専門職層
①管理職に準じて単位業務を洗い出す
②求められる役割を明らかにする
③それぞれに期待される付加価値のレベルをまとめる

調査結果は、フレームワークの区分ごとに職務基準、役割基準として整理し、次ページの例のように等級、職掌別に「職務基準書」、またとくに管理・専門職段階では「役割基準書」として個別にまとめます。

▶裁量範囲——具体的には部下の人数、予算の規模、管理の対象となる施設や備品などを指します

◆一般担当職層の職務基準書の例◆

ここがポイント　フレームワークに沿って職務の概要をまとめたものが職務基準書

職務基準	職掌	事務職	等級	2等級

項　目	基　　準
	以下の業務を、イレギュラーな事態が生じた場合を除いて、独力で遂行できること
総務・人事	・一般用途品の在庫管理 ・損害保険の給付事務 ・給与関係届出書類の確認照合 ・勤怠関係の内容の確認 ・住民税、社会保険料の納付業務 ・月変算定業務 ・労働保険の申告業務 ・……………………………………
経　理	・日常的な取引きに関する一連の諸伝票作成 ・振込み、手形などの入金処理、領収書発行、営業所への入金通知 ・入金額が請求書と異なった場合の確認の問合わせ ・現金預金の残高照合 ・日計表、総勘定元帳、補助帳の作成 ・…………………………………… ・………………………………

職務調査にもとづいて、1つひとつ具体的に記載する

▶職務調査、人事基準、人事考課の詳細については、拙著『仕事の基本がよくわかる　人事考課の実務』（同文舘出版）を参考にしてください

◆管理職層の役割基準書の例◆

ここがポイント 個々の管理職の役割基準書には、責任の範囲や部下の要因なども明記する

役割基準	職位	販売促進課課長	等級	5等級

項　目	基　　準
基本役割	・会社および営業部門の方針を充分に認識し、販売促進課としての役割をふまえて販売促進計画を設定し、責任権限の範囲内で経営資源を効率的に統合化させ、年度販売促進目標の達成に向けて自ら率先し、統括する役割を担う
役割から期待される職務行動	・中期および年度販売促進計画を策定し、計画にもとづいて統括、運営を行なう ・□□営業課および製造○課と協力体制で臨み、必要な調整を行なう ・販売の市場調査を行ない、とりまとめる ・新商品化計画に関する企画検討会議を主催する ・広告・宣伝物の作成企画、立案、実行管理を統括する ・課員を自社マーケティング企画担当として教育指導、育成し、その業績管理を行なう
職務責任	・上記の活動を通じて、営業部全体の重点商品の売上増および販売効率を高めるスタッフ部門としての役割を認識し、中期および年度営業計画の達成に貢献する ・毎年定められる販売促進課題の達成、解決をめざし、行動目標を具現化する
適正人員	○級クラス　○名 △級クラス　○名 派遣社員　　○名
年間予算〔人件費〕	○○○○千円 〔○○○○千円〕
指揮命令系統・関連調整部署	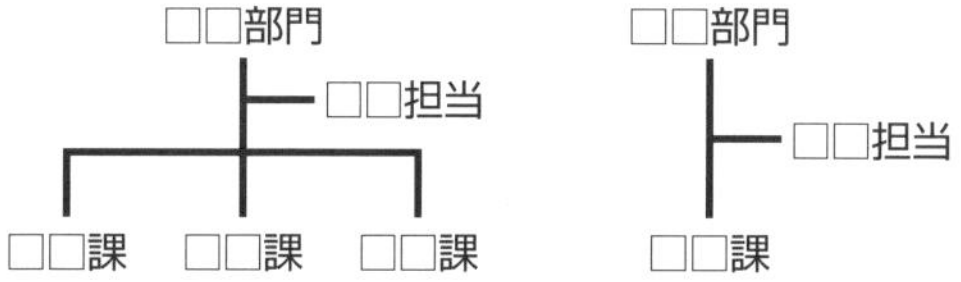
課　　題	・所属要員の削減をめざす（増員を前提としない） ・□□□との関連性を高める

25 職務遂行能力の基準をつくる

■職務・役割基準を全うするために必要な能力を基準化する

◆職能要件書にまとめる

職務基準書によって、フレームワークの各職掌・等級の仕事や役割の基準が明確になりました。

もちろん、これを全うするには、それなりの能力が要求されます。したがって、それぞれにどんな能力がどれだけ求められるのか基準化しておくことが必要です。

その能力を職務遂行能力といい、次の項目にもとづいてまとめていきます。

・**知識**――それぞれの職務やレベルに応じて必要とされる、法律、業界（慣例も含む）、製品などの知識をまとめます。

・**技能**――体得する能力のことで、その職務に必要な技術、技能をまとめます。

・**習熟度**――コミュニケーション能力やリーダーシップなど、実際の職務経験を通じて高められる応用能力（習熟能力）を指します。

・**感性**――デザイン的なセンスやアイデア力など、必ずしも職務経験の蓄積によらない、適性的な能力のことです。

・**資格**――職務上、必要な国家資格や、たとえば英語検定のように仕事に役立つ検定試験などがあれば記入します。

・**キャリア**――職務上や立場上で必要とされるキャリア（業務的な経歴）をまとめます。

これらをフレームワークにしたがって等級・職掌ごとに文書にまとめたものを「職能要件書」といいます。

◆一般職の職能要件書の例◆

ここがポイント フレームワークに沿って、職掌―階層ごとに要求する能力や技能をまとめる

能力基準	職掌	事務職	等級	2等級

項目		基準
知識		・担当業務の手続き、処理方法に関する詳細な知識 ・社内規定（就業規則、賃金規定、慶弔規定）についての概略知識 ・簡単な社会保険の知識 ・社内他部門の業務内容についての概略知識 ・取引先についての概略知識 ・消耗品などの購入先についての概略知識 ・……………………………
技能		・コンピュータのエクセルを活用して、関連する資料やグラフを独力で作成することが可能なレベル ・経理については、簿記2級を取得している程度の技能が望ましい ・…………………………………… ・……………………………………
キャリア要件		・フォローアップ研修を終了していること ・工場の労務（経理）についての経験も併せ持っていることが望ましい ・……………………………
習熟能力	判断力	・社内規定、社内ルールに則った判断ができる ・担当する仕事の優劣順位が判断できる ・……………………………………
習熟能力	企画力	・与えられた仕事の段取りが考えられる ・自分の担当する仕事についてムダ・ムラをなくし、時間、労力、経費の節減や合理化を考えられる ・……………………………
習熟能力	報告・連絡・相談	・業務における問題点を、上司に正確に報告できる ・重要連絡事項について、文書によって要点のみ簡潔に通知できる ・社内や対外機関に対して、定型的な仕事を処理する過程で、的を射た説明や簡単な依頼ができる ・…………………………
習熟能力	実行期待能力	・上司の指示により、簡単なクレーム対応ができる ・担当する日常業務については、最後まで完結させることができる ・下級者に対して、定型的かつ基本的な業務について教えることができる ・……………………………

26 人事の４つの基準

■４つの基準によって人事制度は運営される

◆トータルな人事システムとして考える

職務・役割の基準（職務基準書・役割基準書）と職務遂行能力の基準（職能要件書）ができました。この２つは、「人事考課」──→「目標管理」──→「賃金査定」──→「昇格・昇進」というトータル人事システムのベースとなるので、「人事制度の基本基準」として位置づけられます。

賃金体系は、この基本基準をもとに「人事考課基準」、「目標管理基準」を策定したうえで、「賃金査定基準」として定められることになります。

その詳細は、すでに本書の姉妹書『人事考課の実務』（拙著・同文舘出版）で説明しているので省きますが、ここでは、これらの人事の４つの基準がどういうものなのか、簡単に見ておきましょう。

・**人事制度の基本基準**──もっとも基本的な基準で、職務（役割）の基準と能力の基準に分けられる。

・**人事考課基準**──人材を評価するためのルールを示したもの。階層別また職掌別にいくつかに区分し、考課項目ごとにウエイト（配点）を設定したフォーマットを作成、期ごとに実施する。

・**目標管理基準**──毎期、社員ごとに目標値を設定し、目標達成度を評価するためのルール。人事考課と連動させるケースが多い。

・**賃金査定基準**──賃金に反映するために、人事考課（目標管理）の結果を金額に置き換えるルールを示したもの。あらかじめ定められた全体の総額から、誰に優先的に賃金を分配するか、相対的な配分法にもとづいて策定される。

◆人事の4つの基準◆

ここがポイント　4つの基準が整合的・連携的に機能して、初めて生きた人事管理ができる

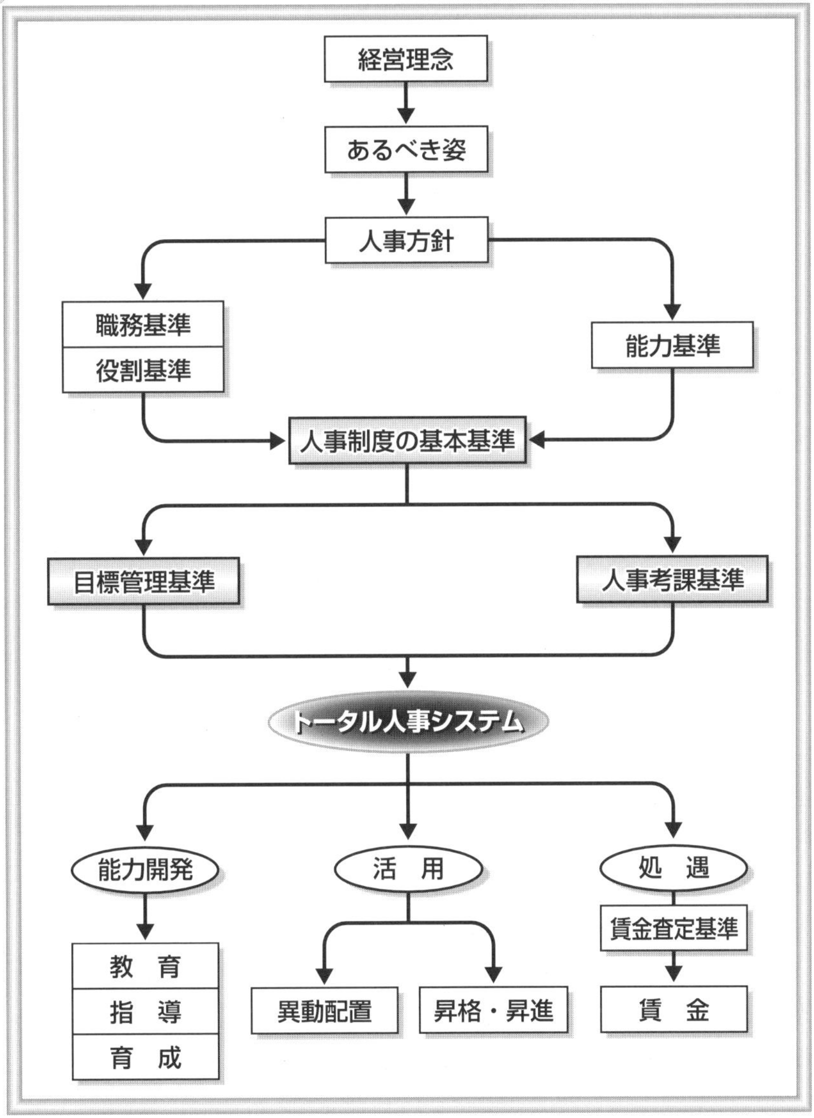

27 人材モデルを設定する

■あるべき姿の成長過程を、人事基準に照らして描き出す

◆複線的人材モデル

職務（役割）基準と職能基準によって、人材のあるべき姿の内実が見えてきました。

次に行なうのは、それがどう成長していくか、実際の社員と比較評価できるモデルを設定する作業です。

これを人材モデルといいます。このモデル期間は、高卒または大卒入社を起点として、管理・専門職に昇格するまでを設定します。現在は新卒の採用を行なっていないというところもあるでしょうが、その場合も、新卒入社を起点にして設定してください。

人材モデルは、年功制の場合にはひとつだけですみましたが、能力主義では２つ以上設定する必要があります。これを、複線的人材モデルと呼び、ここでは次ページのように、優秀者のモデルと平均者モデルの２つを設定してみました。

・ａモデル（優秀者の人材像）を設定する

ここでいう優秀者は、コンピテンシーの考え方によるもので、安定して継続した成果が期待できる、社員の手本となり、単なる理想像ではなく、現実的にあり得る人材像を指します。この設定は、実際の社員をもとに検討しますが、たまたまその時点で該当者がいない場合には、いると仮定すればとして設定します。

・ｂモデル（平均的な人材像）を設定する

次に、平均者像を設定します。これは、100人いれば50番目あたりを対象とした人材像です。人事考課でいうと、たまにＡもあればＣもあるが、平均すればＢに位置する人材像となります。

◆人材モデルの例◆

ここがポイント　職種や経験年数別に、具体的に求める像をまとめる

営業職の大卒入社後4年経過者のモデル例

	人材モデル	
	aモデル像	bモデル像
該当する等級	3等級	2等級
売上実績	安定した実績が期待できる	成績に波があり、上司のフォローがときに必要である
重点商品の売上げ	重点商品の優先度を常に意識して行動し、実際に売上げにも反映されている	プロモーションのときは重点商品を意識するが、他のときは意識していない
新規顧客の獲得	時間に余裕があるときには、自ら計画的に開拓訪問を行なっている	開拓訪問を行なうのは、上司にいわれたときだけに限られる
代金の回収	売掛期間（手形サイト）の短縮まで考慮して交渉している	売上目標を達成するのに精一杯で、代金回収についてまで考える余裕のない場合がある
営業交渉	状況を事前に収集し、複数の対応策を使い分けている	顧客についての情報を事前に収集しているが、営業の仕方は自分のスタイルにこだわっている
チームワーク	突発的な状況下でも、同僚や後輩に代わってスムーズに業務を行なう	同僚や後輩のピンチヒッターを、ぎくしゃくしながらも何とか無事にやりこなせる
問題解決力	将来、同じ問題が起こらないための根本的な解決策を考え、実施している	何が問題かわかっているが、解決の仕方はその場しのぎと見られる面がある

（注）　人材モデルは、「職務基準書」「職能要件書」に似ています。これらは互いに関係したものですが、人材モデルのほうは実際の人材像の行動様式からまとめたものなので、内容がより現実的で具体的です

28 モデル賃金を設定する

■人材モデルの賃金の推移を想定し、賃金体系設計の指標とする

前項の人材モデルについて、どういう形で賃金が推移していくか想定し、次ページのような**モデル賃金**のグラフを作成します。

(1)モデル昇格年齢とモデル在級年数を見る

モデル昇格年齢とは、モデルをフレームワークに沿って、何歳でその等級に達するか当てはめることです。また、モデルが１段階上の等級に昇格する年齢から、その昇格前の等級に昇格したときの年齢を差し引いたものがモデル在級年数となります。

(2)モデル賃金水準を設定する

業種、規模、学歴、企業別に、公表されているモデル賃金資料などを参考に、モデルの賃金水準を設定します。

この場合、モデルごとに次のように政策的な配慮を加えます。

政策的に配慮したい事項	対象とするモデル
モチベーション（意欲づけ）を重視する	aモデル
他社からの引き抜きを予防する	aモデル、bモデル
総額人件費管理を適正に行なう	bモデル
総額人件費の業界・地域・規模別の平均水準を確保する	bモデル
生活給としての賃金を確保する	bモデル、cモデル

いきなりＣモデルというのが出現しましたが、これは、成績の悪い社員――たとえば「Ｓ・Ａ・Ｂ（平均）・Ｃ・Ｄ」という５段階制で人事考課を行なっている場合、何期も継続してＣと評価されている人を想定した賃金モデルのことです。

▶モデル賃金――あくまでもモデルで、実際にこれに相当する人物がいるとは限りません

◆モデル賃金のイメージ◆

ここがポイント モデル賃金を想定することで、新しい賃金体系のイメージがつかめる

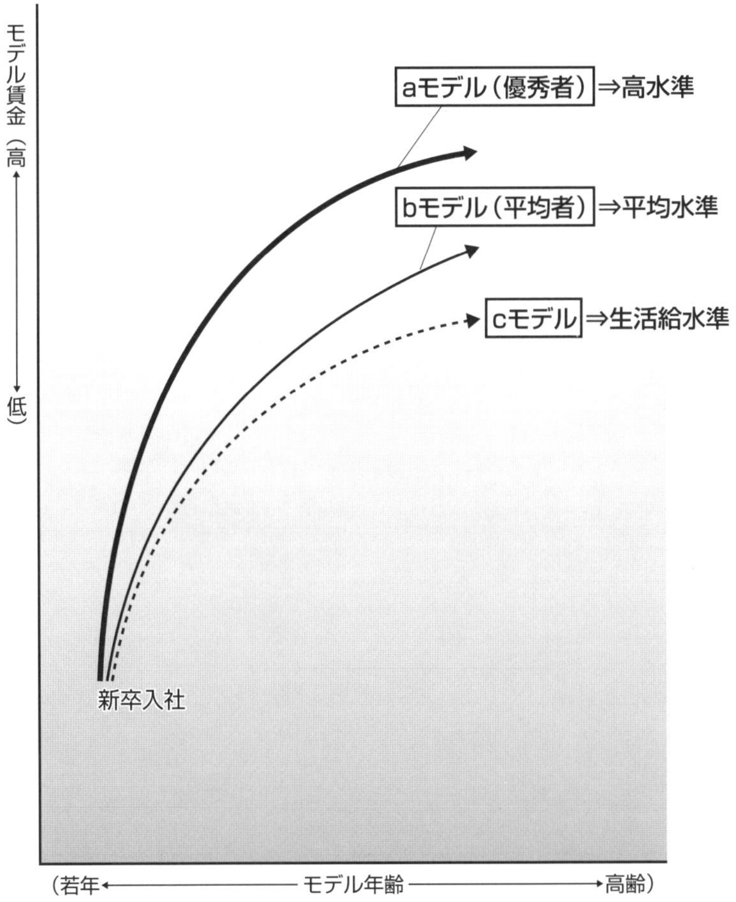

memo

第3章

基本給を設計する

29 諸手当を見直す

■手当を極力減らし、シンプルでわかりやすい賃金にする

基本給を、社員が納得するものに改定するには、次の２つがポイントになります。

⑴手当を必要最低限にとどめ、基本給を中心にした体系にする

⑵基本給は総合決定給方式をやめ、要素別に構成内容を明確にする

まず、手当の問題から見ていきましょう。

手当は本来、社員個々の事情を賃金に反映させるために、基本給を補う形で設けられたものです。

そのため、いつしかさまざまな名目の手当が乱立し、それぞれが輻輳し合って、賃金体系をわけのわからないものにしているところが多いのが現実です。たとえば、支給基準を満たしていないのに支払われているとか、技能手当のような特別な手当が、社員全員に支払われているといった例をよく見受けます。

この背景に、基本給が退職金や賞与の算定基礎額となるため、手当のほうが有利だという会社側の思惑があったことは否めません。

それはともかくとして、形骸化した手当が乱立し、賃金を不鮮明なものにしていることが、経営を大きく圧迫しているのは事実です。

賃金制度の改革は、まずここに重点を置くべきで、それには、現行のすべての手当を見直し、整理する必要があります。

次ページは、手当を見直すための手順とチェックポイントを示したものです。これによって、基本給に組み込めるものは組み込み、廃止すべきものは廃止し、残す必要のあるものは基準を明確にして、あくまでも限定的かつ一時的に支給する補助制度として残す——というように、思い切った改革を行なってください。

◆手当見直しのチャート◆

ここがポイント 手当は、不可欠なものを除いて、なくすつもりで検討しよう

1　実行している手当全体について検討する

基準が明確で論理的で、全社員にオープンにされているか

他社の水準と比較して、手当の金額は適正か

所定内賃金での手当の割合が高すぎないか（1～2割が一般的）

2　手当に関して、次のような問題が発生していないか調べる

調整（臨時）手当の支給者が多く、年々その金額が増えている

一律に社員全員に支給されている手当がある

扶養家族が増えると、家族手当と住宅手当がダブルで増加する

独身者や女性などから、家族手当への不満が高まっている

精勤・皆勤手当など、有名無実化した手当がある

3　実行している個々の手当について、必要性を検討する

今後、この○○手当を続ける必要があるか

この○○手当のこの金額は妥当か

30 個々の手当を検討する

■設定した本来の意味を理解し、取捨選択を行なう

手当を見直すにあたっては、それぞれがどのような意図で設定され、どういう性格を持っているかを理解しておくことが必要です。

会社や業種によって設けられている手当はまちまちですが、一般的なものをまとめると次ページのようになります。これらについて、本来はどういうものなのかを見てみましょう。

◆職務関連手当

職務、責任、資格などに応じて支給するもので、これには次のものがあります。

・**役付手当（管理職手当）**——責任の重さ、部下の指導などの負担に報いるためや、時間外手当分をカバーするためなどの名目で、部長や課長など、役職位に応じて支給される。

・**特殊勤務手当**——守衛手当など、特殊な職務に対して支給される。

・**特殊作業手当**——職務環境の厳しさに対して支給される。

・**公的資格手当**——危険物取扱責任者など、業務上、必要な資格の取得者に支給される。

・**技能手当**——溶接工など、特定の技能が要求される職務に就く者に支給される。

◆生活補助手当

生計費の負担が重くなる層に対して支給するもので、文字どおり、生活給を補完する意味を持っています。

・**家族手当**——家族の増加に伴う生活費の負担増を補塡するもので、扶養家族の数に応じて決定するところが多い。

・**住宅手当**——住居の賃貸やマイホームのローンなどで負担が多くな

◆手当にはどういうものがあるか◆

ここがポイント 手当は基本給を補う形で種類を増やしてきた

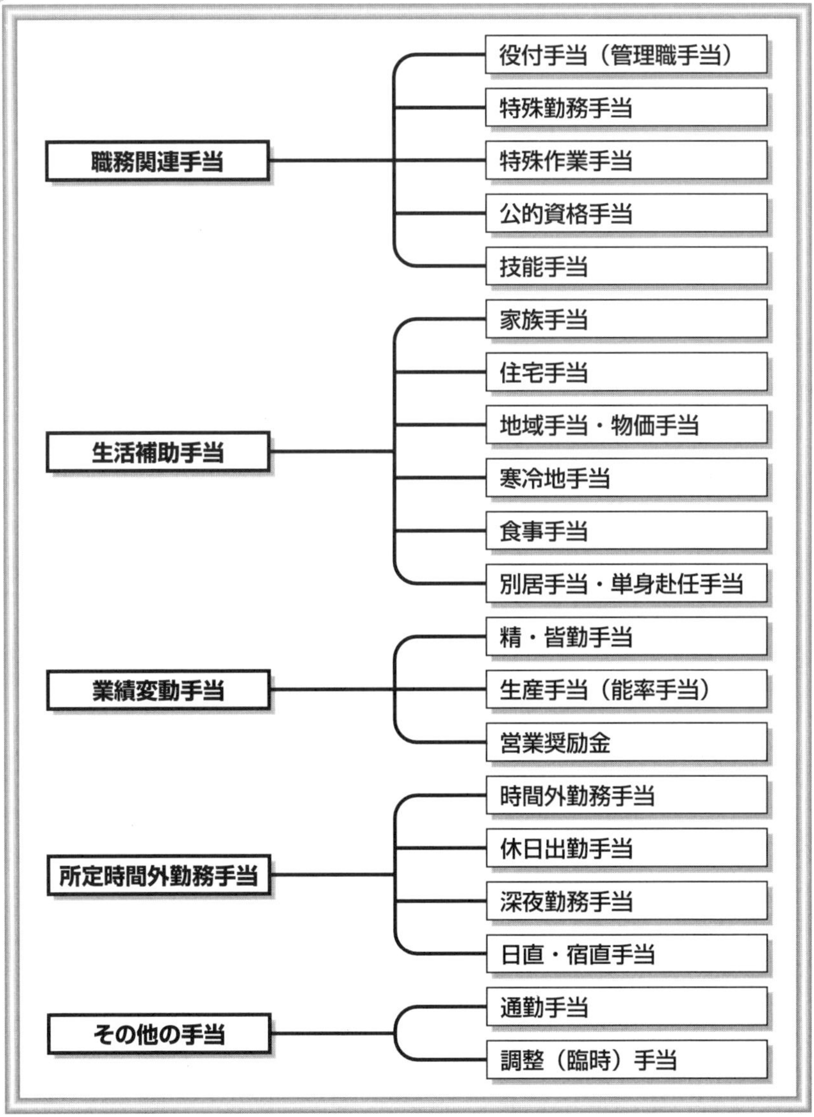

る層を補助する意味で支給するもの。社宅制度のある会社では、入居者とバランスをとるために非入居者に支給するケースもある。

この住宅手当には、家族手当や地域手当との兼ね合いから基準が複雑になったり、実際に負担している本人が世帯主でないために不利になる、といったデメリットもある。

・**地域手当、物価手当**——地域ごとの賃金や物価の格差を調整する意図で設定される。

・**寒冷地手当**——燃料代の実費補助の意味合がある。

・**食事手当**——本社に社員食堂があるが、支社や営業所にはないような場合、その待遇格差を是正する名目で支給されることがある。

・**別居手当、単身赴任手当**——転勤により、家族との二重生活を行なう場合の負担を補う。

◆業績変動手当

奨励の意味で支給するものです。このうち、生産手当や営業奨励金は業績給の限定版と見なすことができます。

・**精勤手当、皆勤手当**——欠勤や遅刻をなくす名目で設けられるもので、その状態に応じて増減するのが一般的。工場などの生産ライン業務に多い。

・**生産手当（能率手当）**——能率アップが名目。生産性の高さに応じて支給される。

・**営業奨励金**——営業成績を上げるのが名目。一定期間の実績に応じて増減するものが一般的で、歩合給的な性格が強い。

◆所定時間外勤務手当

所定勤務時間外で勤務した場合に付加される手当で、労働基準法に則り、一定の時間あたりの割増率のもとに計算され、支給するのが一般的です。

・**時間外勤務手当**——残業した分の賃金を支払う名目。

・**休日出勤手当**——休日に出勤した場合の賃金を支払う名目。

・**深夜勤務手当**――深夜に勤務した場合の賃金として支給。

他に、日直や宿直業務を行なっているところでは、「日直手当」や「宿直手当」を設けている場合があります。

◆その他の手当

・**通勤手当**――通勤費の実費を支給するもの。全額を支給するか所得税法上の非課税限度額の範囲内で支給するかは、会社によって異なる。

・**調整手当（臨時手当）**――賃金制度が改定されたとき、それ以前の制度での手取り額を保証したり、中途採用者の以前の給与額との差額を補塡するといった名目で、暫定的に支給される。

この調整手当は、基本給の昇給時などに、その昇給分で少しずつ相殺していくなどの方法により、一定期間で差し引きゼロにするというのが本来の考え方である。

31 年功給を見直す

■最低限の生活給として検討する

◆職能給などとの並用が多い

年功給とは、年齢や勤続など、社員１人１人の個人的な要素で決定される賃金で、年齢給（本人給）と勤続給があります。

これらは、かつてはわが国の賃金制度の主流でしたが、能力主義がいわれるようになった現在、年功給のみというのは少なく、導入していても職能給と職務給などの仕事給と混合（並存）型の基本給が多いようです。

年功給の利点は、基本給で生活給としての安定的部分を確保できることにあります。したがって、年功給を設計する場合には、この点への配慮が大切です。

◆年齢給

次ページの年齢給表の例のように、社員の年齢に応じて賃金額が決定されるもので、シンプルで運用も単純明快です。

これには、実際の年齢によるものと、学齢によるものがあります。しかし、最初は学齢とし、途中から実齢に変えるところが多いようです。その理由は、大半が初任給は学齢で決め、定年は実齢によっていることにあります。

本人給は、生活給の考え方にもとづき、一般的な年齢別の生計費のカーブから、30歳あたりまでは毎年のアップ額を大きくし、その後、カーブが鈍化し、一定年齢で上限とするのが一般的です。

この上限年齢も、以前は55歳、あるいは50歳程度までが主流だったのが、最近では40歳代までと低年齢化するケースが目立っています。

また、平均生計費に連動させて、一定の年齢からダウンするやり方

◆年齢給表の例◆

ここがポイント 20代後半は昇給額を大きくし、30代以降、徐々に鈍化させるのが一般的

年齢給（本人給）

年齢	年齢給	間差額
18	100,000	—
19	102,000	2,000
20	104,000	2,000
21	106,000	2,000
22	108,000	2,000
23	110,000	2,000
24	112,000	2,000
25	114,000	2,000
26	116,500	2,500
27	119,000	2,500
28	121,500	2,500
29	124,000	2,500
30	126,500	2,500
31	128,500	2,000
32	130,500	2,000
33	132,500	2,000
34	134,500	2,000
35	136,500	2,000
36	138,500	2,000
37	140,500	2,000
38	142,500	2,000
39	144,500	2,000
40	146,500	2,000
41	148,000	1,500
42	149,500	1,500
43	151,000	1,500
44	152,500	1,500
45	154,000	1,500
46	155,500	1,500
47	157,000	1,500
48	158,500	1,500
49	160,000	1,500
50	161,500	1,500

（51歳以降は年齢給据え置き）

をしているケースも見られます。しかし、個人によってライフサイクルや、必要な生活費もそれぞれ異なるため、この方法の採用は慎重にしたほうがよいでしょう。

なお、この年齢給の設計では、家族手当や職能給、または職務給の最低ラインの合計額によって、生活給としての水準を設定することが必要です。

◆勤続給

勤続給は、下の勤続給表の例に見られるように、勤続年数が１年加算されるごとに昇給する額を設定するものです。

勤続給表の例

勤続	勤続給	間差額
1	2,000	—
2	4,000	2,000
3	6,000	2,000
4	8,000	2,000
5	10,000	2,000
6	11,500	1,500
7	13,000	1,500
8	14,500	1,500
9	16,000	1,500
10	17,500	1,500

これは、中途採用者には不利になる場合もあり、最近では行なうところは少なくなってきています。

勤続給を導入することにメリットがあるのは、職務の習熟には年数がそれほど長くかからないが、１～２年ほどで辞めてしまう社員が多く、少しでも定着率を高めたいという会社といえるでしょう。

この勤続給を導入する場合、５年程度から、長くても10年以内で昇給を頭打ちにするなどというように、一定の年限を区切って、限定的に取り入れることが大切です。

▶年齢給表や勤続給表のように、賃金を、どういう場合に、どのように支給するのか、あらかじめ明らかにした表を「賃金表」といいます

32 仕事給のタイプを検討する

■どのタイプをとるかで昇給の運用法は大きく異なる

仕事給（職能給、職務給、業績給）の昇給は、等級と連携して行なわれるのが一般的です。

この仕事給には、大きく分けると範囲給と単一給の２つの方式があります。これによって昇給の仕方が変わってくるので、仕事給の見直しではまず、そのどれが自社に適切かを検討することが大切です。

◆範囲給（レンジレート）

等級別の賃金額に一定の範囲を設けているものをいいます。すなわち、その等級でもっとも少ない額（初号額）と、その等級でもっとも大きい額（上限額）の両方を設定したもので、ほとんどの仕事給に、この範囲給が採用されています。

この範囲給は、次の３つのタイプに分けられます。

・**重複型**――その等級の上限額よりも、ひとつ上の等級の初号額を少なく設定する方法です。次ページのパターン図をご覧ください。このように、１等級の上限額より２等級の初号額を小さくするもので、これによって運用に幅が持たせられるため、このタイプはもっともよく行なわれています。

・**接続型**――ある等級の上限額と、その上の等級の初号額を同じ額に設定する方法です。

・**開差型**――ある等級の上限額よりその上の等級の初号額を多く設定し、等級間に格差をつける方法です。

◆単一給（シングルレート）

ひとつの等級に、賃金額をひとつしか設定しない方法です。したがって、ベースアップを除き、昇格しない限り昇給はありません。

◆仕事給の昇給パターン◆

ここがポイント 昇格—昇給の方式には4つのパターンがある

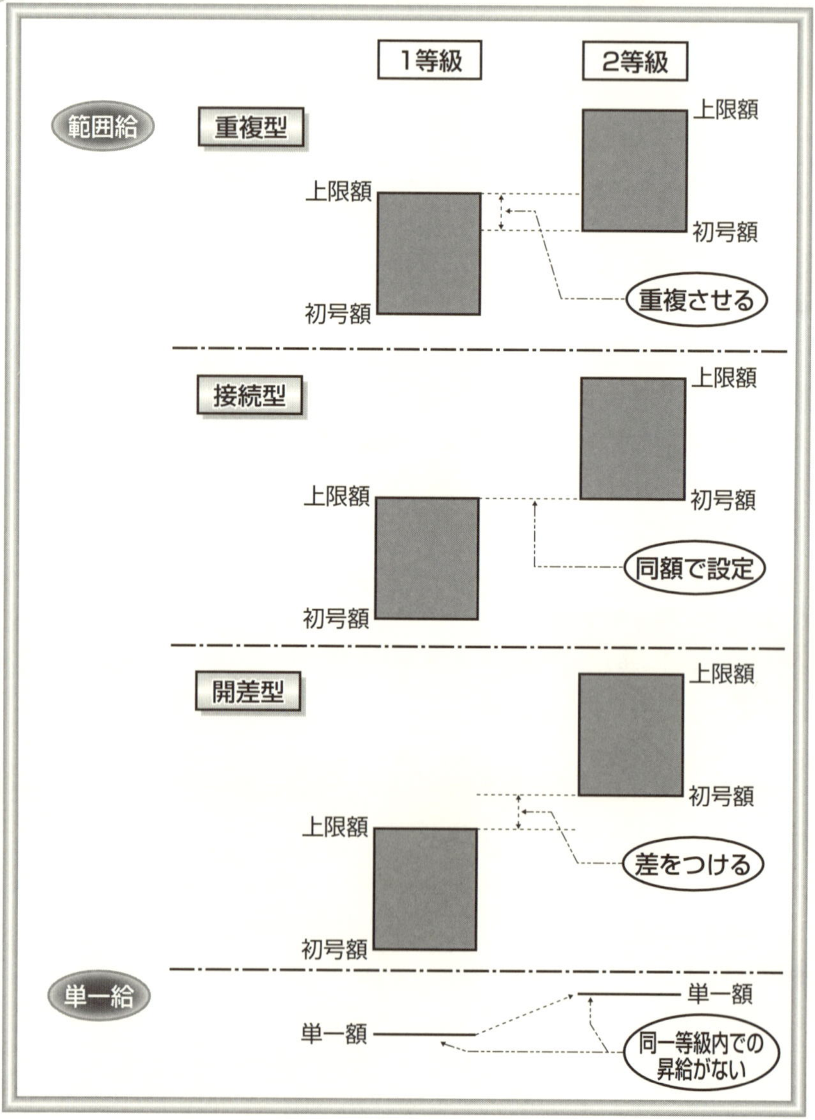

33 査定基準を明確にする

■査定基準が明確でないと、仕事給はすぐに形骸化する

◆5段階評価が一般的

範囲給のいずれかでいくか、単一給でいくか、仕事給のタイプを決めたら、次は、その昇給額のピッチを検討することになりますが、これは単に、賃金だけの問題として考えてはいけません。

職能給、職務給、業績給のいずれの場合も、仕事給は、「あるべき姿」にもとづいた「会社の期待」にどれだけ応えたかによって決められるべきものです。そのような、会社の期待に応えた度合を評価するシステムが人事考課で、仕事給の昇給は、この人事考課をもとにした昇給査定にもとづいて行なうことが原則です。

したがって、昇給額を設計する場合、その前にまず、人事考課の基準を明確にしておく必要があります。

この人事考課や昇給査定は、一般には、次表のような5段階評価を基準に行なわれています。

人事考課・昇給査定の基準

評価	評価の目安
S	Aの中でも、はるかに優秀なもの
A	優秀なもの
B	標準者（会社の設定基準どおりのもの）
C	標準に達しないもの
D	Cの中でも、問題が大きいもの

評価の仕方は人事考課の問題なので、詳しくは拙著『人事考課の実務』を参考にしていただくとして、ここでは、この5段階法を前提に説明を進めていきます。

34 最適な賃金表を選択する

■賃金表は業種、職種の事情を反映できるものを選ぼう

仕事給の昇給方法として、一般に次の５つの賃金表が行なわれています。これらは一長一短で、業種や経営方針によって、向き不向きがあります。したがって、仕事給の見直しにあたっては、その性格を充分に理解し、自社に本当に適していると思われるものを選択することが重要です。

⑴昇給額表

下の例のように、縦に昇給査定の評価を、横に等級区分を設定するのが一般的で、もっとも簡単な賃金表です。この場合の昇給査定では、前項の５段階評価でいえば、Ｂを基準にして上位の等級ほど昇給額を高くするのが普通です。

下の例は、評価Ｂの標準者の昇給額の２割を格差の幅としたものです。これでわかるように、Ａ──→ＳはＢの２割分ずつ増やされ、Ｃ──→Ｄは同額ずつ減らされています。

昇給額表の例

評価	1等級	2等級	3等級
S	5,600	6,300	7,000
A	4,800	5,400	6,000
B	4,000	4,500	5,000
C	3,200	3,600	4,000
D	2,400	2,700	3,000

この昇給額表の利点は、簡単でわかりやすく、運用しやすいことに

あります。しかし、この表は相対額管理方式といって、昇給額だけを記しているため、現在、いくらの賃金が支給されているかとは関係がありません。そのため、同一等級の社員同士に賃金の差がある場合、この表ではなかなかその差を縮められないのがデメリットです。

⑵号俸表

号俸は賃金の基本になる単位をいいます。その号俸を、次の例のように等級別に表にしたのが号俸表です。

号俸表の例

等　級	1等級	2等級	3等級
標準昇給額	4,000	4,500	5,000
0号俸	100,000	120,000	140,000
1号俸	104,000	124,500	145,000
2号俸	108,000	129,000	150,000
3号俸	112,000	133,500	155,000
4号俸	116,000	138,000	160,000
5号俸	120,000	142,500	165,000

（6号俸以下省略）

この運用は、例外を除き、毎年1号俸ずつ進める形で行ないます。そして、上限額にいたれば、ベースアップ分を除いて、原則として定期昇給はありません。

また、昇格の際には、「直近上位」といって、昇格前の等級の額と同じ昇格後の等級の額か、その額にもっとも近い上位額からスタートします（昇格昇給は除く）。

⑶段階号俸表

⑵の号俸表を、査定結果が反映できるように変えたのが段階号俸表です。これはまず、次ページの例のように、標準者を何号俸にするか決めたうえで、それに合わせて毎年の標準昇給額を号俸に分割し、昇

給のルールを設けて、賃金査定に応じて昇給していく仕組みです。

下の例の場合、次のルールを設定したとします。

・評価Bの標準者は5号俸とする

・評価Sは7号俸、Aは6号俸、Cは4号俸、Dは3号俸へ進む

たとえば、1等級の0号俸にいる社員が、昇給査定で標準のBであれば5号俸へ進み、Aならば6号俸へ、Cだとすれば4号俸へ進むことになります。

段階号俸表の例

等　級	1等級	2等級	3等級
標準昇給額	4,000	4,500	5,000
号差金額	800	900	1,000
0号俸	100,000	120,000	140,000
1号俸	100,800	120,900	141,000
2号俸	101,600	121,800	142,000
3号俸	102,400	122,700	143,000
4号俸	103,200	123,600	144,000
5号俸	104,000	124,500	145,000
6号俸	104,800	125,400	146,000
7号俸	105,600	126,300	147,000
8号俸	106,400	127,200	148,000
9号俸	107,200	128,100	149,000
10号俸	108,000	129,000	150,000

（11号俸以下省略）

この段階号俸表は、安定して基本給を運用でき、賃金にメリハリがつけられ、中途採用者の初任給を明確に位置づけられることがメリットです。それもあって、職能資格制度―職能給を導入している会社ではもっとも多く用いられています。

しかし、昇給査定が累積されるため、過去の昇給結果が尾を引くというデメリットがあることは否めません。

なお、この段階号俸表では標準者を何号俸にするかがポイントになりますが、5号俸とするのが一般的です。

⑷複数賃率表

複数賃率表は絶対額管理方式の代表的なもので、昇給査定を累積させず、年ごとに洗い替え（キャンセル）していく方式です。

次の例は4段階一致方式といって、昇給前の号俸のSと昇給後の号俸のDとが一致する形で設定したものです。つまり、昨年Sをとった社員が次の年にDの場合には昇給ゼロということになるわけです。

複数賃率表（4段階一致方式）の例

〔3等級〕

査　定	S	A	B	C	D
0号俸	150,000	145,000	140,000	135,000	130,000
1号俸	170,000	165,000	160,000	155,000	150,000
2号俸	190,000	185,000	180,000	175,000	170,000
3号俸	210,000	205,000	200,000	195,000	190,000
4号俸	230,000	225,000	220,000	215,000	210,000
5号俸	250,000	245,000	240,000	235,000	230,000

この方法は、過去の昇給査定の結果にとらわれることなく、毎年同じスタートラインに立てるのが利点といえます。しかし、それは逆にいうと、過去から継続的に能力が発揮されていたり、安定した成績をあげていることは反映されにくいことになります。そのため、その年だけの査定結果に振り回されやすく、それがデメリットとなります。

なお、この複数賃率表の場合、等級ごとにそれぞれの賃金表を作成する必要があります。

⑸昇給率マトリクス表

昇給率マトリクス表は、絶対額管理方式によって、現在の職能給や職務給の額に応じて昇給率を設定するもので、次の手順で作成します。

①等級ごとの基準額を設定する
②基準額を中心に、上下に一定の範囲幅を設けて標準レンジとする
③標準レンジの上限を超えるものを超過レンジとする
④標準レンジの下限に満たないものを不足レンジとする

そして、この等級ごとの範囲額に対して、昇給前に社員がどこに位置しているかによって昇給率が決められます。

下の例は１等級の基準額を20万円としたもので、上下１万５千円ずつの幅をとって18万５千円〜21万円５千円を標準レンジとし、超過レンジと不足レンジの３段階で設定しています。これでいうと、たとえば現在の職能給が21万円の人が賃金査定でＡと評価された場合、その３％の昇給が行なわれる、ということです。

昇給率マトリクス表の例

		S	A	B	C	D
超過レンジ	215,000円超	3.0%	2.0%	1.0%	0.0%	*
標準レンジ	185,000円～215,000円	4.0%	3.0%	2.0%	1.0%	0.0%
不足レンジ	185,000円未満	5.0%	4.0%	3.0%	2.0%	1.0%

＊の欄は個別に審査して決定（ダウンすることもあり得る）

上の例は３段階で設定していますが、実際には標準レンジを３段階とし、超過と不足レンジをそれぞれ２段階にするなど、段階を細かく設定するのが一般的です。また、昇給率によってではなく、昇給額で設定する場合もあります。

▶昇給額表——昇給額だけで絶対額を表わしていないため、賃金表に含めない場合もあります

35 昇格昇給を検討する

■定期昇給と切り離したほうが活性化につながる

◆昇給の機会は年に一度と固定しないほうがよい

仕事給の見直しでは、昇格をいつ行なうのかということも検討する必要があります。というのも、仕事給には、年功給のように定期昇給だけでなく、次の２つの要素が含まれるからです。

・**定期昇給（習熟昇給）**——職能給の場合に、１年間の能力の伸び（伸長度）に対して支払うものをいう。

・**昇格昇給**——上位の等級へ昇格する場合に特別に行なわれる昇給。

会社によっては、昇格は年度始めと限り、定期昇給と昇格昇給を同時に行なうところも少なくありません。たとえば、定期の習熟昇給額が5,000円、１等級から２等級への昇格による昇給額が3,000円だとして、４月に定期昇給と合わせて昇格する場合には、8,000円アップすることになります。

この方法は、昇給の事務を一定の時期に集中して行なえるため、たしかに便利です。しかし、定期昇給に隠れて、昇格による昇給のありがたみが半減されてしまうなどのデメリットがあります。

そのために、定期昇給とは別の時期に昇格（昇給）を行なう会社もあります。これは４月に習熟昇給分の5,000円をアップし、昇格した月から昇格昇給分3,000円をアップするというものです。

この方法なら、昇格した社員には自分の努力が認められたことがはっきりと認識できるし、士気が高揚し、社員の活性化にもつながるなど、よりメリハリのきいた能力給としての効果が期待できます。

36 基本給を設計する

■まず、どういう賃金体系にしたいのか、方針を固めておこう

基本給の構成要素について見てきました。ここからは、それらをもとに、実際の基本給の設計はどう進めるのか、次の３つの設計課題を例に具体的に見ていきます。

・設計課題Ⅰ――年齢給と職能給の並存型基本給の場合
・設計課題Ⅱ――強化型職能給を導入する場合
・設計課題Ⅲ――職務給を導入する場合

［設計課題Ⅰ］は、生活給としての安定的要素を考慮した年齢給と職能資格制度による職能給を並用する場合で、まだ人事制度らしいものがなく、とりあえず生活費的な側面を安定させながら、能力主義賃金の基盤を固めていこうという会社を想定しています。

［設計課題Ⅱ］は、［設計課題Ⅰ］を、より能力主義的な賃金体系に改革するにはどうすればよいかを見るものです。

［設計課題Ⅲ］は、基本給に社員が担当する業務の重要度やその達成度を反映させたいという場合を想定しています。

どの基本給体系を選択するかは会社の方針で異なるはずです。しかし設計に入る前に、次の準備はしておいてください。

①あるべき姿と人事のフレームワークをはっきりさせておくこと
②自社と同じような業種、規模、地域の一般モデル賃金の資料を揃えておくこと

37 年齢＋職能型基本給の設計

■生活保証と能力主義のバランスが重要

まず、［設計課題Ⅰ］です。年齢給と職能給の並存型基本給の設計は次ページに示した手順で進めていきます。

この並存型の設計でのポイントは、能力主義と生活安定策のバランスをうまくとることです。生活給の面に重きを置きすぎると、旧来の年功制と変わらないものになるし、能力主義に偏重すると生活不安に陥って士気が損なわれる恐れがあります。この点を、まずしっかりと頭に入れておいてください。

通常、基本給の設計は「標準社員のモデル賃金表」を作成する形で進めていきます。これは、［設計課題Ⅰ］の設定内容の場合には100ページの例のようになります。以下の説明は、この表を参照しながら読んでいただければ理解しやすいでしょう。

⑴標準者モデルの輪郭を設定する

２章で作成した人事のフレームワークにもとづいて、次のように、自社の標準者のモデルを設定していきます。

①標準者モデルが、職能資格制度で昇格していく年齢を設定する

要するに、標準的な社員が何歳で何等級に昇格するかを決めることです。［設計課題Ⅰ］では、22歳で２等級、26歳で３等級、30歳で４等級、34歳で５等級、40歳で６等級に昇格するものと設定しました。

②標準者モデルが、どのレベルでどの役職位に就くかを設定する

［設計課題Ⅰ］では、４等級で係長、５等級で課長、６等級で部長になるものと想定しました。

③標準者モデルの扶養家族がどう増えていくかを想定する

家族手当などを支給する場合に必要です。［設計課題Ⅰ］は、日本経

◆年齢給＋職能給型基本給の設計手順◆

ここがポイント　標準社員モデルをどう設定するかが、賃金体系づくりのカナメ

標準社員の人材モデルを設定する

モデル賃金水準を描く

- 初任給の額を設定する
- 年齢別のモデル賃金を策定する
- モデル手当を設計する

基本給を設計する

- 年齢給を設計する
- 職能給を設計する

段階号俸表を作成する

団連（旧日経連）のモデル設定に準じ、27歳で配偶者を持ち、30歳で第１子、35歳で第２子が生まれる、と想定しました。

⑵標準者モデルの賃金水準を設定する

標準的な社員が⑴の輪郭どおりに進んでいく場合、その賃金がどう推移するか、準備しておいた自社の事情に近い一般モデル賃金資料を参考に検討します。

①標準者モデルの初任給を設定する

初任給はモデル賃金の起点となるものです。新卒社員は採用していないという場合でも設定しておいてください。

［設計課題Ⅰ］での人材モデルは標準者だけなので、初任給は高卒と大卒のそれぞれにひとつの額を設定します。ここでは、高卒は165,000円、大卒は196,000円と設定しました。

②年齢ごとのモデル賃金（月例給料）を設定する

次に、年齢ごとに、標準者としてあるべき月例賃金の額を設定します。この場合、高年齢になると個人差が大きくなり、年齢に応じたモデル賃金自体の意味合が薄れてくるため、モデル年齢の上限は50歳程度にとどめてください。

⑶モデル手当を設定する

月例のモデル賃金がある程度固まれば、次は、所定内賃金の構成要素を検討していきます。

［設計課題Ⅰ］の場合、所定内賃金は年齢給、職能給、諸手当で構成されています。そのうち、まず考えたいのは手当についてです。

標準者に支給する手当を「モデル手当」といいますが、ここではそれに関して次のことを検討します。

①モデル手当として何を設けるか

賃金規定にはさまざまな手当が掲げられているはずです。しかし、モデル手当には、それらのすべてを取り上げる必要はありません。会社によっても違いますが、役付手当（役職者手当）、家族手当、住宅手当

◆標準社員のモデル賃金表◆

年齢	等級	配偶者	子供	役職	基本給				手当			合計	間差額
					年齢給	間差額	職能給	小計	役付	家族	住宅	月例給料	
18	1				107,000		48,000	155,000	0		10,000	165,000	
19	1				110,000	3,000	51,000	161,000	0		10,000	171,000	6,000
20	1				113,000	3,000	54,000	167,000	0		10,000	177,000	6,000
21	1				116,000	3,000	57,000	173,000	0		10,000	183,000	6,000
22	2				119,000	3,000	67,000	186,000	0		10,000	196,000	13,000
23	2				122,000	3,000	70,500	192,500	0		10,000	202,500	6,500
24	2				125,000	3,000	74,000	199,000	0		10,000	209,000	6,500
25	2				128,000	3,000	77,500	205,500	0		10,000	215,500	6,500
26	3				130,000	2,000	88,000	218,000	0		10,000	228,000	12,500
27	3	有			132,000	2,000	91,700	223,700	0	10,000	15,000	248,700	20,700
28	3	有			134,000	2,000	95,400	229,400	0	10,000	15,000	254,400	5,700
29	3	有			136,000	2,000	99,100	235,100	0	10,000	15,000	260,100	5,700
30	4	有	1	係	137,500	1,500	112,800	250,300	10,000	15,000	15,000	290,300	30,200
31	4	有	1	係	139,000	1,500	116,800	255,800	10,000	15,000	15,000	295,800	5,500
32	4	有	1	係	140,500	1,500	120,800	261,300	10,000	15,000	15,000	301,300	5,500
33	4	有	1	係	142,000	1,500	124,800	266,800	10,000	15,000	15,000	306,800	5,500
34	5	有	1	課	143,000	1,000	138,800	281,800	40,000	15,000	15,000	351,800	45,000
35	5	有	2	課	144,500	1,500	143,800	288,300	40,000	20,000	15,000	363,300	11,500
36	5	有	2	課	146,000	1,500	148,800	294,800	40,000	20,000	15,000	369,800	6,500
37	5	有	2	課	147,500	1,500	153,800	301,300	40,000	20,000	15,000	376,300	6,500
38	5	有	2	課	149,000	1,500	158,800	307,800	40,000	20,000	15,000	382,800	6,500
39	5	有	2	課	150,500	1,500	163,800	314,300	40,000	20,000	15,000	389,300	6,500

年齢	等級	配偶者	子供	役職	基本給				手当			合計	間差額
					年齢給	間差額	職能給	小計	役付	家族	住宅	月例給料	
40	6	有	2	部	151,500	1,000	178,800	330,300	40,000	20,000	15,000	405,300	16,000
41	6	有	2	部	152,500	1,000	184,800	337,300	40,000	20,000	15,000	412,300	7,000
42	6	有	2	部	153,500	1,000	190,800	344,300	40,000	20,000	15,000	419,300	7,000
43	6	有	2	部	154,500	1,000	196,800	351,300	40,000	20,000	15,000	426,300	7,000
44	6	有	2	部	155,500	1,000	202,800	358,300	40,000	20,000	15,000	433,300	7,000
45	6	有	2	部	156,500	1,000	208,800	365,300	40,000	20,000	15,000	440,300	7,000
46	6	有	2	部	156,500	0	214,800	371,300	40,000	20,000	15,000	446,300	6,000
47	6	有	2	部	156,500	0	220,800	377,300	40,000	20,000	15,000	452,300	6,000
48	6	有	2	部	156,500	0	226,800	383,300	40,000	20,000	15,000	458,300	6,000
49	6	有	2	部	156,500	0	232,800	389,300	40,000	20,000	15,000	464,300	6,000
50	6	有	1	部	156,500	0	238,800	395,300	40,000	15,000	15,000	465,300	1,000

① ③ ② ⑥ ⑦ ⑤ ④

注）①～⑦は、標準社員のモデル賃金を検討する手順を示しています

あたりが一般的です。

②モデル年齢（等級）に応じたモデル手当の額を設定する

［設計課題Ⅰ］の例では、次のように設定しました。

・住宅手当――親元から離れて独立する場合を前提に、独身者（単身者）は10,000円、扶養家族がある場合には15,000円。

・家族手当――扶養家族１人目（普通は配偶者）は10,000円、２人目と３人目は5,000円とし、合計20,000円で打ち切る。

・役付手当――係長（４等級程度）は10,000円、課長（５等級以上）は40,000円。課長で大幅にアップさせたのは、この役職から時間外手当の対象外になることと、正規の管理職としての役割や責任の大きさを反映したことによる。

⑷年齢給を設定する

諸手当を設定したら、次は年齢給の検討です。これは、月例給料から諸手当額を引いて基本給にあたる額を出し、それを年齢給と職能給に配分する形で行ないます。

問題は、両者をどのような比率で配分するかということですが、これについては、生活給をどこまで重く見るかという会社の方針もあるので一概にはいえませんが、次のようなやり方をするのが一般的です。

①スタート地点となる高校新卒（18歳）の初任給を、年齢給7：職能給3の割合を目安に設定する

②45歳頃で年齢給を打ち止めにする

③50歳あたりでの年齢給と能力給の比率が、4：6程度になるようにする

④以上をもとに年間の差額（昇給のピッチ）を検討し、年齢ごとの年齢給を設定する

ここで大切なのは、昇給のピッチを年齢とともに低くしていくことです。その代わりに職能給の比重を高めていき、経験を積むにしたがって能力が伸びていくことを反映させるわけです。この場合、どの年

◆標準者モデル賃金の内訳別推移◆

ここがポイント　何歳を折返点にするか、モデル賃金案をグラフに描いて検討するとよい

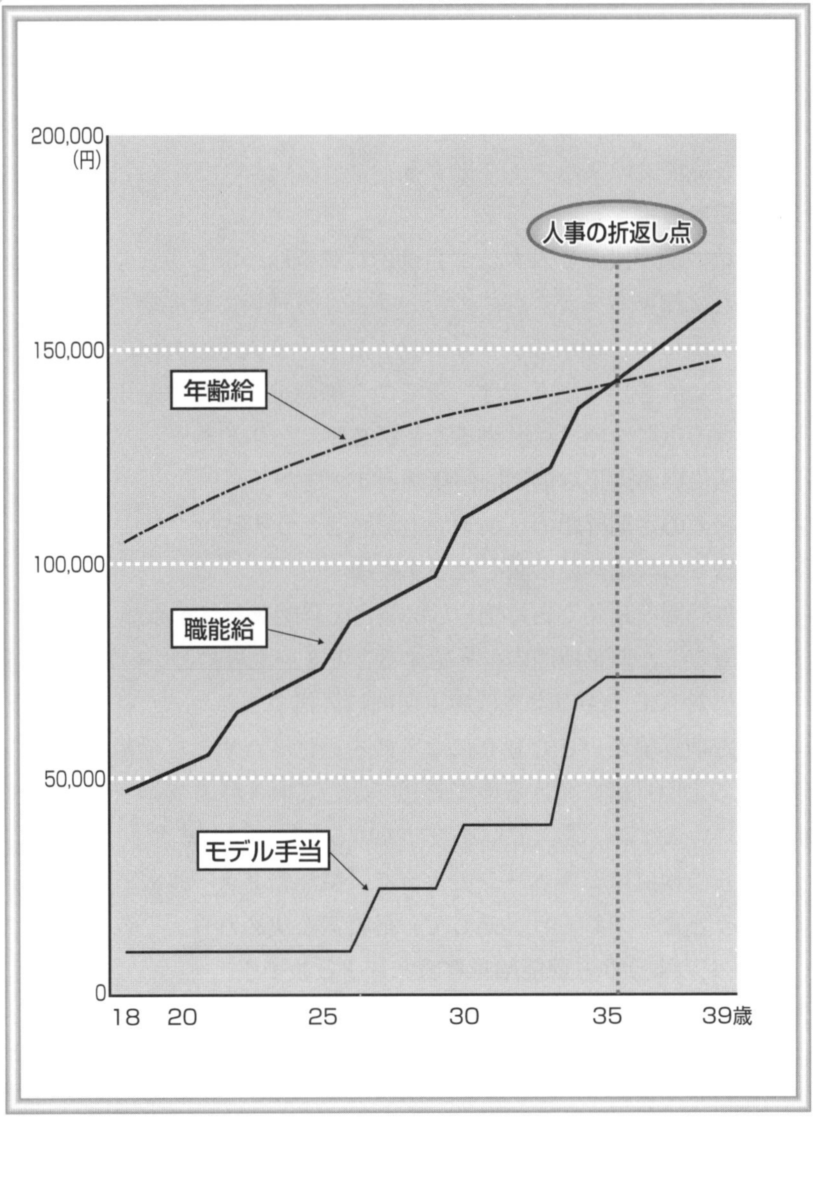

齢段階で年齢給と職能給の比率を逆転させるかが問題になります。

というのも、この比率が逆転する年齢は、能力の開発期から発揮期への転換期と見ることができるからです。つまり、この地点から、管理職や高度専門職としてより高い貢献が期待できるわけで、その意味でこれを「人事の折返し点」と呼びます。

そのポイントをどの年代に設定するかは、「あるべき姿」と照らして検討することになりますが、これは前ページのように、標準モデルの年齢給と職能給の案をグラフ化するとつかみやすいでしょう。

⑸職能給を設定する

年齢給の額が設定されれば、自動的に職能給の額も決まります。しかしそれは標準者モデルのもので、実在する社員の職能給ではありません。実際には、標準モデルより早く昇格する人もいれば、なかなか昇格しない人もいるからです。そこで、職能給が実際に運用できるように、次の点について検討することが必要になります。

①各等級にいる適正な期間は何年間とすべきか

②各等級での定期昇給のピッチや上限額をどうするか

③各等級での昇格昇給の額をどうするか

④適正な期間を超えても昇格しない場合の昇給をどうするか

①で設定した適正期間内に昇給することを一次昇給といいます。

それに対して、④のように適正期間に昇格できなかった社員の場合には、定期昇給がいきなり0になるのを避けるため、昇給額を半額に削減して定期昇給を続けるのが普通です。これを二次昇給（張出し昇給）といいますが、三次昇給を設けている会社もあります。

これらの検討は、次ページのように「職能給スケール表」に整理して行なうとよいでしょう。そして、最終案を決めたら、これをもとに107ページのような「職能給推移表」にまとめます。

これらのスケール表と推移表は［設計課題Ⅰ］によるものですが、ここでは１等級の初号額に高校新卒18歳の職能給をあてています。初任

◆職能給スケール表の例◆

ここがポイント 職能給の細目は、スケール表に要点を整理して検討するとよい

等級	標準モデル		一次昇給					二次昇給		
	年数	年齢	定昇額	昇格昇給	初号額	適正	上限額	定昇額	適正	上限額
6		40	6,000	10,000	178,800	10年	238,800			
5	6年	34	5,000	10,000	138,800	8年	178,800	2,500	4年	188,800
4	4年	30	4,000	10,000	112,800	8年	144,800	2,000	4年	152,800
3	4年	26	3,700	7,000	88,000	8年	117,600	1,900	4年	125,200
2	4年	22	3,500	7,000	67,000	8年	95,000	1,800	4年	102,200
1	4年	18	3,000	—	48,000	8年	72,000	1,500	4年	78,000

職能給の定期昇給と昇格昇給のイメージ

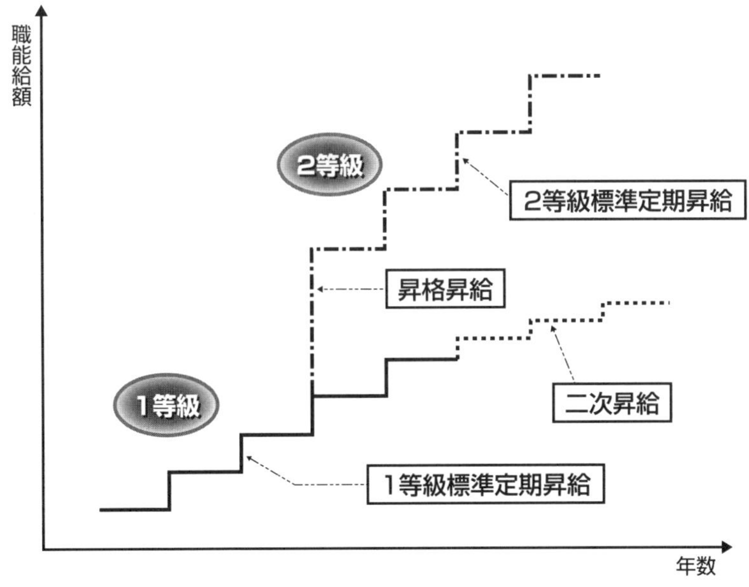

給165,000円からモデル手当10,000円と年齢給107,000円を引いた残額の48,000円がそれに該当します。

この48,000円を起点とし、標準者の毎年の定期昇給額として3,000円を4年間積み重ねて22歳で2等級に昇格したとすると、その時点で昇格昇給額の7,000円が加算され、職能給は2等級の初号額の67,000円になるわけです。

また、2等級に昇格できない場合も、上限額の72,000円となる26歳までは定期昇給額3,000円は保証されます。しかし、それでも昇格できない場合は二次昇格となり、定期昇給はいままでの半額の1,500円に減少し、さらに最終上限の78,000円にいたっても昇格できない場合には、それ以後は、もう定期昇給はないということになります。

⑹段階号俸表を作成する

職能給の内容が決まれば、段階号俸表の作成に移ります。次ページの例は［設計課題Ⅰ］のものですが、これは92ページで見たような人事考課のB評価を標準点とする「標準者5号俸昇給」の段階号俸表を用いています。つまり、定期昇給のピッチを5等分した額（1等級一次昇給の場合は3,000÷5＝600円となる）を号俸のピッチとし、人事考課の結果によって次のように昇給していくわけです。

S＝7号俸　A＝6号俸　B＝5号俸　C＝4号俸　D＝3号俸

たとえば、1等級の17号俸の58,200円にいる社員が昇給査定で標準のBの評価を得た場合には、5号俸昇給して22号俸の61,200円に進みます。評価がAの場合は、6号俸昇給して23号俸の61,800円に進み、C考課のときは4号俸進んで、21号俸の60,600円となるわけです。

また、昇格の場合には直近上位のルールにしたがいます。たとえば、22号俸の時点で2等級へ昇格した場合、22号俸の61,200円に2等級の昇格昇給額7,000円が加算されて68,200円となるはずですが、ここには2等級にその金額の号俸がないため、その額より高くて、もっとも近い額の2号俸68,400円へ移行することになります。

◆職能給推移表の例◆

ここがポイント　標準モデルの職能給がどう変化していくか、推移表を作成して把握する

年齢	1等級	2等級	3等級	4等級	5等級	6等級
18	48,000					
19	51,000					
20	54,000					
21	57,000					
22	60,000	67,000				
23	63,000	70,500				
24	66,000	74,000				
25	69,000	77,500				
26	72,000	81,000	88,000			
27	73,500	84,500	91,700			
28	75,000	88,000	95,400			
29	76,500	91,500	99,100			
30	78,000	95,000	102,800	112,800		
31		96,800	106,500	116,800		
32		98,600	110,200	120,800		
33		100,400	113,900	124,800		
34		102,200	117,600	128,800	138,800	
35			119,500	132,800	143,800	
36			121,400	136,800	148,800	
37			123,300	140,800	153,800	
38			125,200	144,800	158,800	
39				146,800	163,800	
40				148,800	168,800	178,800
41				150,800	173,800	184,800
42				152,800	178,800	190,800
43					181,300	196,800
44					183,800	202,800
45					186,300	208,800
46					188,800	214,800
47						220,800
48						226,800
49						232,800
50						238,800

注）［網掛け］＝二次昇給（二次昇給の昇給幅は、一次昇給の半額としています）

◆職能給段階号俸表の例◆

等　級	1等級	2等級	3等級	4等級	5等級	6等級
標準年齢	18～	22～	26～	30～	34～	40～
昇格昇給額	—	7,000	7,000	10,000	10,000	10,000
定期昇給額	3,000	3,500	3,700	4,000	5,000	6,000
一次号俸差	600	700	740	800	1,000	1,200
二次昇給額	1,500	1,800	1,900	2,000	2,500	
二次号俸差	300	360	380	400	500	

号　俸	1等級	2等級	3等級	4等級	5等級	6等級
0	48,000	67,000	88,000	112,800	138,800	178,800
1	48,600	67,700	88,740	113,600	139,800	180,000
2	49,200	68,400	89,480	114,400	140,800	181,200
3	49,800	69,100	90,220	115,200	141,800	182,400
4	50,400	69,800	90,960	116,000	142,800	183,600
5	51,000	70,500	91,700	116,800	143,800	184,800
6	51,600	71,200	92,440	117,600	144,800	186,000
7	52,200	71,900	93,180	118,400	145,800	187,200
8	52,800	72,600	93,920	119,200	146,800	188,400
9	53,400	73,300	94,660	120,000	147,800	189,600
10	54,000	74,000	95,400	120,800	148,800	190,800
11	54,600	74,700	96,140	121,600	149,800	192,000
12	55,200	75,400	96,880	122,400	150,800	193,200
13	55,800	76,100	97,620	123,200	151,800	194,400
14	56,400	76,800	98,360	124,000	152,800	195,600
15	57,000	77,500	99,100	124,800	153,800	196,800
16	57,600	78,200	99,840	125,600	154,800	198,000
17	58,200	78,900	100,580	126,400	155,800	199,200
18	58,800	79,600	101,320	127,200	156,800	200,400
19	59,400	80,300	102,060	128,000	157,800	201,600
20	60,000	81,000	102,800	128,800	158,800	202,800
21	60,600	81,700	103,540	129,600	159,800	204,000
22	61,200	82,400	104,280	130,400	160,800	205,200
23	61,800	83,100	105,020	131,200	161,800	206,400
24	62,400	83,800	105,760	132,000	162,800	207,600
25	63,000	84,500	106,500	132,800	163,800	208,800

26	63,600	85,200	107,240	133,600	164,800	210,000
27	64,200	85,900	107,980	134,400	165,800	211,200
28	64,800	86,600	108,720	135,200	166,800	212,400
29	65,400	87,300	109,460	136,000	167,800	213,600
30	66,000	88,000	110,200	136,800	168,800	214,800
31	66,600	88,700	110,940	137,600	169,800	216,000
32	67,200	89,400	111,680	138,400	170,800	217,200
33	67,800	90,100	112,420	139,200	171,800	218,400
34	68,400	90,800	113,160	140,000	172,800	219,600
35	69,000	91,500	113,900	140,800	173,800	220,800
36	69,600	92,200	114,640	141,600	174,800	222,000
37	70,200	92,900	115,380	142,400	175,800	223,200
38	70,800	93,600	116,120	143,200	176,800	224,400
39	71,400	94,300	116,860	144,000	177,800	225,600
40	72,000	95,000	117,600	144,800	178,800	226,800
41	72,300	95,360	117,980	145,200	179,300	228,000
42	72,600	95,720	118,360	145,600	179,800	229,200
43	72,900	96,080	118,740	146,000	180,300	230,400
44	73,200	96,440	119,120	146,400	180,800	231,600
45	73,500	96,800	119,500	146,800	181,300	232,800
46	73,800	97,160	119,880	147,200	181,800	234,000
47	74,100	97,520	120,260	147,600	182,300	235,200
48	74,400	97,880	120,640	148,000	182,800	236,400
49	74,700	98,240	121,020	148,400	183,300	237,600
50	75,000	98,600	121,400	148,800	183,800	238,800
51	75,300	98,960	121,780	149,200	184,300	
52	75,600	99,320	122,160	149,600	184,800	
53	75,900	99,680	122,540	150,000	185,300	
54	76,200	100,040	122,920	150,400	185,800	
55	76,500	100,400	123,300	150,800	186,300	
56	76,800	100,760	123,680	151,200	186,800	
57	77,100	101,120	124,060	151,600	187,300	
58	77,400	101,480	124,440	152,000	187,800	
59	77,700	101,840	124,820	152,400	188,300	
60	78,000	102,200	125,200	152,800	188,800	

アミの部分が二次昇給

38 強化型職能給の導入

■曖昧さを排除してメリハリをつける

◆職能給の隙間をなくす

［設計課題Ⅰ］では、年齢給に職能給を加える形で能力主義を取り入れています。日本では大半の企業が、この形の賃金体系を取り入れているようですが、しかし、職能給が社員の能力をすべて直接的に反映しているかというと、必ずしもそうとはいえません。

たとえば、昇給査定の結果がよくない人にも機械的に定期昇給が続けられるようなことは、実際に多くの会社で見られることです。

なぜ、こんな無駄が行なわれているのかというと、並存型の賃金体系に隙間があるのをいいことに温情主義がまかり通り、職能給が形骸化されているからに他なりません。

職能給は制度や運用の幅が広く、曖昧にすると、年功制とほとんど変わらないものになってしまう恐れがあります。

これを改め、並存型賃金体系の中で能力主義を強化しようというのが［設計課題Ⅱ］です。

その方法には次ページのものがあります。ここでは［設計課題Ⅰ］をもとに、具体的にどう進めればよいかを見ていきます。

⑴人材モデルを複数にする

［設計課題Ⅰ］では、人材モデルは6等級まで昇格するとした標準者モデルだけでした。しかし、標準者という位置づけだけでは、どうもはっきりしません。そのために、どうしても年功的な運用が行なわれがちになるわけです。

そこで、［設計課題Ⅱ］では単一の人材モデルを改め、明らかに優秀者が対象のaモデルと平均者が対象のbモデルの2つを設定します。

◆どうすれば能力主義を強化できるか◆

ここがポイント　ポイントは、査定結果を大きく反映させることにある

人材モデルを複数設定し、その性格を明確化する

ａモデル（優秀者）とｂモデル（平均者）を設定する

ａモデルとｂモデルのモデル賃金を策定する

基本給での職能給のウエイトを大きくする

年齢給に対して、職能給の比重を高める

あるいは年齢給を廃止し、職能給に統合する

二次昇給の制度を見直す

二次昇給の範囲や昇給額を縮小する

あるいは二次昇給制度自体を廃止する

昇格昇給の比重を大きくする

定期昇給の比重を抑え、その分を昇格昇給に回す

定期昇給での昇給査定による昇給額の幅を大きくとる

評価間の昇給額の格差を広げる

等級の範囲の幅を小さくする

各等級の初号額と上限額の差を小さくする

①aモデルとbモデルのモデル賃金を設定する

［設計課題Ⅰ］で、標準者のモデル賃金を策定しましたが、ここではそれを、aモデルとbモデルの2つの設定にしたがって、次のポイントで手直しします。

・aモデル——優秀者（5段階式の昇給査定で、常にAの評価を得るものと仮定した社員）の賃金の推移を想定する。

・bモデル——平均者（5段階式の昇給査定で、常に平均点のB評価をとるものと仮定した社員）の賃金の推移を想定する。

この場合、bモデルの賃金は［設計課題Ⅰ］の標準者モデル賃金よりも［設計課題Ⅱ］では低目に抑えています。また、aモデルの賃金は違いをきわだたせるために［設計課題Ⅰ］の標準者モデル賃金よりも抜てき人事を進めて、より高い金額で推移するように、あえて設計してみたものです。実際には会社ごとに設定してください。

モデル賃金の手直しは、公表されている日本経団連などの一般モデル賃金を改めて参考にするとよいでしょう。中小企業の場合、aモデルの賃金は、優良大企業の大卒男子社員を参考にして動機づけ策とすることも考えられます。

なお、［設計課題Ⅱ］では［設計課題Ⅰ］の手当はそのまま残して実行するものとしています。

②aモデルとbモデルの昇格年齢を設定する

昇格年齢とは、1等級から2等級へというように、1段階上の等級

昇格スピード

等級	aモデル	bモデル
6	36歳	—
5	32歳	38歳
4	28歳	31歳
3	25歳	26歳
2	22歳	22歳

◆強化職能給スケール表の例◆

ここがポイント 昇格昇給による格差を大きくすることが強化職能給のポイントである

等級		1等級	2等級	3等級
昇格昇給額	bモデル	—	5,000円	5,000円
	aモデル	—	15,000円	15,000円
適正年齢	bモデル	—	22歳～	26歳～
	aモデル	—	22歳～	25歳～
初号額	bモデル	165,000円	186,000円	211,000円
	aモデル	165,000円	203,000円	239,080円
定期昇給額	bモデル	4,000円	5,000円	5,200円
	aモデル	5,600円	7,000円	7,300円

等級		4等級	5等級	6等級
昇格昇給額	bモデル	5,000円	5,000円	10,000円
	aモデル	15,000円	20,000円	20,000円
適正年齢	bモデル	31歳～	38歳～	昇格なし
	aモデル	28歳～	32歳～	36歳～
初号額	bモデル	242,000円	285,500円	—
	aモデル	276,100円	327,500円	382,200円
定期昇給額	bモデル	5,500円	6,000円	7,000円
	aモデル	7,700円	8,400円	12,000円

ここでいう初号額とは昇格時設定額のこと

に進む基準とする年齢のことです。もちろん、この昇格スピードはａモデルとｂモデルとでは異なります。［設計課題Ⅱ］では、これは112ページの表のように設定しました。

この表では、ｂモデルの６等級の欄が空白になっていますが、これは平均者の６等級への昇格は想定していないからです。

⑵職能給を再設計する

強化型職能給を導入する場合には、年齢給をできるだけ抑えるように設計します。

これは、ａモデルとｂモデルの両方について検討します。

また、検討に際しては、前ページのようなスケール表を用いるとよいでしょう。

［設計課題Ⅱ］では、次の方針によって職能給を再設計しました。

①年齢給の廃止

ここでは基本給は職能給一本とし、年齢給は吸収統合して、シンプルで明快な制度に変えました。

しかし、年齢給がなくなるということは、生活給としての安定性に問題が生じる懸念があります。

そのため、生活給としての水準を維持しているか、昇格や査定結果について予想される状況を想定してシミュレーションを行ない、社員にも説明できるように充分に検討することが必要です。これは、社員のやる気と賃金制度に対する信頼感を高めるために欠かせません。

②二次昇給の廃止

二次昇給は、適正期間を超えた社員への温情的な対処策ともいえます。

［設計課題Ⅱ］では能力主義強化を重視し、この二次昇給を縮小ではなく廃止することにしました。

③昇格昇給の比重を高め、格差を広げる

昇格昇給額を大きくすることは、社員に強いインパクトを与えると

◆2モデルの職能給推移表◆

aモデル

年齢	1等級	2等級	3等級	4等級	5等級	6等級
18	165,000					
19	170,600					
20	176,200					
21	181,800					
22	187,400	203,000				
23		210,000				
24		217,000				
25		224,000	239,080			
26			246,360			
27			253,640			
28			260,920	276,100		
29				283,800		
30				291,500		
31				299,200		
32				306,900	327,500	
33					335,900	
34					344,300	
35					352,700	
36					361,100	382,200
37						392,000
38						401,800
39						411,600
40						421,400
41						431,200
42						441,000

bモデル

年齢	1等級	2等級	3等級	4等級	5等級	6等級
18	165,000					
19	169,000					
20	173,000					
21	177,000					
22	181,000	186,000				
23		191,000				
24		196,000				該当しない
25		201,000				
26		206,000	211,000			
27			216,200			
28			221,400			
29			226,600			
30			231,800			
31			237,000	242,000		
32				247,500		
33				253,000		
34				258,500		
35				264,000		
36				269,500		
37				275,000		
38				280,500	285,500	
39					291,500	
40					297,500	
41					303,500	
42					309,500	
43					315,500	
44					321,500	
45					327,500	
46					333,500	
47					339,500	
48					345,500	
49					351,500	
50					357,500	

◆職能給強化型賃金の段階号俸表の例◆

号俸	年齢		1等級	年齢		2等級	年齢		3等級	年齢		4等級	年齢		5等級	年齢		6等級
	a	b		a	b		a	b		a	b		a	b		a	b	
0	18	18	165,000		22	186,000		26	211,000		31	242,000		38	285,500			350,000
1			165,800			187,000			212,040			243,100			286,700			351,400
2			166,600			188,000			213,080			244,200			287,900			352,800
3			167,400			189,000			214,120			245,300			289,100			354,200
4			168,200			190,000			215,160			246,400			290,300			355,600
5		19	169,000		23	191,000		27	216,200		32	247,500		39	291,500			357,000
6			169,800			192,000			217,240			248,600			292,700			358,400
7	19		170,600			193,000			218,280			249,700			293,900			359,800
8			171,400			194,000			219,320			250,800			295,100			361,200
9			172,200			195,000			220,360			251,900			296,300			362,600
10		20	173,000		24	196,000		28	221,400		33	253,000		40	297,500			364,000
11			173,800			197,000			222,440			254,100			298,700			365,400
12			174,600			198,000			223,480			255,200			299,900			366,800
13			175,400			199,000			224,520			256,300			301,100			368,200
14	20		176,200			200,000			225,560			257,400			302,300			369,600
15		21	177,000		25	201,000		29	226,600		34	258,500		41	303,500			371,000
16			177,800			202,000			227,640			259,600			304,700			372,400
17			178,600	22		203,000			228,680			260,700			305,900			373,800
18			179,400			204,000			229,720			261,800			307,100			375,200
19			180,200			205,000			230,760			262,900			308,300			376,600
20		22	181,000		26	206,000		30	231,800		35	264,000		42	309,500			378,000
21	21		181,800			207,000			232,840			265,100			310,700			379,400
22			182,600			208,000			233,880			266,200			311,900			380,800
23			183,400			209,000			234,920			267,300			313,100	36		382,200
24			184,200	23		210,000			235,960			268,400			314,300			383,600
25			185,000			211,000		31	237,000		36	269,500		43	315,500			385,000
26			185,800			212,000			238,040			270,600			316,700			386,400
27			186,600			213,000	25		239,080			271,700			317,900			387,800
28	22		187,400			214,000			240,120			272,800			319,100			389,200
29			188,200			215,000			241,160			273,900			320,300			390,600
30			189,000			216,000			242,200		37	275,000		44	321,500	37		392,000
31			189,800	24		217,000			243,240	28		276,100			322,700			393,400
32			190,600			218,000			244,280			277,200			323,900			394,800
33			191,400			219,000			245,320			278,300			325,100			396,200
34			192,200			220,000	26		246,360			279,400			326,300			397,600

号	a	b	1等級	a	b	2等級	a	b	3等級	a	b	4等級	a	b	5等級	a	b	6等級
35			193,000			221,000			247,400		38	280,500	32	45	327,500			399,000
36			193,800			222,000			248,440			281,600			328,700			400,400
37			194,600			223,000			249,480			282,700			329,900	38		401,800
38			195,400	25		224,000			250,520	29		283,800			331,100			403,200
39			196,200			225,000			251,560			284,900			332,300			404,600
40			197,000			226,000			252,600			286,000		46	333,500			406,000
41			197,800			227,000	27		253,640			287,100			334,700			407,400
42			198,600			228,000			254,680			288,200	33		335,900			408,800
43			199,400			229,000			255,720			289,300			337,100			410,200
44			200,200			230,000			256,760			290,400			338,300	39		411,600
45			201,000			231,000			257,800	30		291,500		47	339,500			413,000
46			201,800			232,000			258,840			292,600			340,700			414,400
47			202,600			233,000			259,880			293,700			341,900			415,800
48			203,400			234,000	28		260,920			294,800			343,100			417,200
49			204,200			235,000			261,960			295,900	34		344,300			418,600
50			205,000			236,000			263,000			297,000		48	345,500			420,000
51			205,800			237,000			264,040			298,100			346,700	40		421,400
52			206,600			238,000			265,080	31		299,200			347,900			422,800
53			207,400			239,000			266,120			300,300			349,100			424,200
54			208,200			240,000			267,160			301,400			350,300			425,600
55			209,000			241,000			268,200			302,500		49	351,500			427,000
56			209,800			242,000			269,240			303,600	35		352,700			428,400
57			210,600			243,000			270,280			304,700			353,900			429,800
58			211,400			244,000			271,320			305,800			355,100	41		431,200
59			212,200			245,000			272,360	32		306,900			356,300			432,600
60			213,000			246,000			273,400			308,000		50	357,500			434,000
61			213,800			247,000			274,440			309,100			358,700			435,400
62			214,600			248,000			275,480			310,200			359,900			436,800
63			215,400			249,000			276,520			311,300	36		361,100			438,200
64			216,200			250,000			277,560			312,400			362,300			439,600
65			217,000			251,000			278,600			313,500			363,500	42		441,000
66			217,800			252,000			279,640			314,600			364,700			442,400
67			218,600			253,000			280,680			315,700			365,900			443,800
68			219,400			254,000			281,720			316,800			367,100			445,200
69			220,200			255,000			282,760			317,900			368,300			446,600
70			221,000			256,000			283,800			319,000			369,500			448,000

いう意味で能力主義の目玉といえます。［設計課題Ⅱ］では、次のように大幅にこの昇給額を増額し、a モデルと b モデルの間にも幅を持たせてメリハリをつけました。

昇格昇給額

昇格等級	aモデル	bモデル
6等級	20,000円	(10,000円)
5等級	20,000円	5,000円
4等級	15,000円	5,000円
3等級	15,000円	5,000円
2等級	15,000円	5,000円

これは、実際の運用では昇格前の等級の在籍期間における人事考課の累積結果などから決定します。また、昇格年齢が若く、しかも昇給時の職能給額が低いような場合には、昇給額を厚くするなどの特別ルールを設定することも考えるとよいでしょう。

④定期昇給の昇給査定額の幅を大きくとる

職能給の定期昇給が年齢給の場合と異なるのは、昇給査定にもとづいて行なわれる点です。これも、年齢給を廃止したり縮小すれば、その分を職能給に回せるため、定期昇給額は［設計課題Ⅰ］の場合よりも多くとれ、昇給にメリハリをつけることができます。

もちろんこれは、昇格昇給額との兼ね合いで設定すべきものですが、

定期昇給額

等　級	aモデル	bモデル
6等級	12,000円	(7,000円)
5等級	8,400円	6,000円
4等級	7,700円	5,500円
3等級	7,300円	5,200円
2等級	7,000円	5,000円
1等級	5,600円	4,000円

［設計課題Ⅱ］では、ａモデルをｂモデルの４割増しとする形で、下の表のように設定しました。

もうひとつ重要なのは、人事考課・昇給査定の評価をどう積極的に反映させるかということです。

これについて［設計課題Ⅱ］では、［設計課題Ⅰ］と同じくＢ評価を基準（平均）とする５号俸方式を採用し、Ａ（優秀）やＣ（要求基準に対して未達成）の評価の昇給号俸を、次のように大きく差をつける形をとりました。

昇給号俸

昇給査定	設計課題Ⅰの場合	→	設計課題Ⅱの場合
S	7号俸	→	9号俸以上
A	6号俸	→	7号俸
B（平均）	5号俸	→	5号俸
C	4号俸	→	2号俸
D	3号俸	→	0号俸

以上のように検討を行ない、職能給の内容が煮詰まってきたら、［設計課題Ⅰ］のときと同様、その内容を推移表と段階号俸表にまとめましょう。［設計課題Ⅱ］の推移表の例は115ページを、段階号俸表の例は116ページを参照してください。

39 職務給の設計

■職務価値と達成度をもとに、合理的な賃金を追求する

職務給は、社員それぞれが担当する仕事の価値（職務価値）と、それをどれだけ達成したかを評価することで決められる賃金で、その評価は基本的に、次ページのような流れで行ないます。

この職務給設計でのポイントは次のとおりです。

(a)等級間の賃金額の移行は重複型ではなく、開差型にする

(b)等級は定員制とし、定員を原則として守る

(c)賃金額の変動は、担当職務価値の変化によって行なうことを基本とする

(d)定期昇給は行なわない

職務給が職能給と異なるポイントの一つに等級の定員が定められていて、昇格や降格、あるいは退職によって欠員が生じないとそこには進めない、ということです。

また、賃金額もアップだけでなく、現状維持の場合も、減額されることもあり、これを「洗い替え型」の賃金制度といいます。

つまり、職能給より、客観的評価が厳しく問われることになり、それだけに、導入に際してはとくに次の点に留意することが大切です。

①事前にしっかりと職務分析を行ない、仕事の内容を正確に把握しておくこと

②職務の特性を理解した、納得性のある職務価値の基準と達成度の評価基準を作成すること

③評価の公正、基準の公表など、客観性のある運用を行なうように留意すること

アメリカの賃金制度はこの職務給が主流ですが、日本ではこれ一本

◆職務給査定の基本◆

ここがポイント　担当する仕事の重要さとその達成度を客観的に評価して格づけを行なう

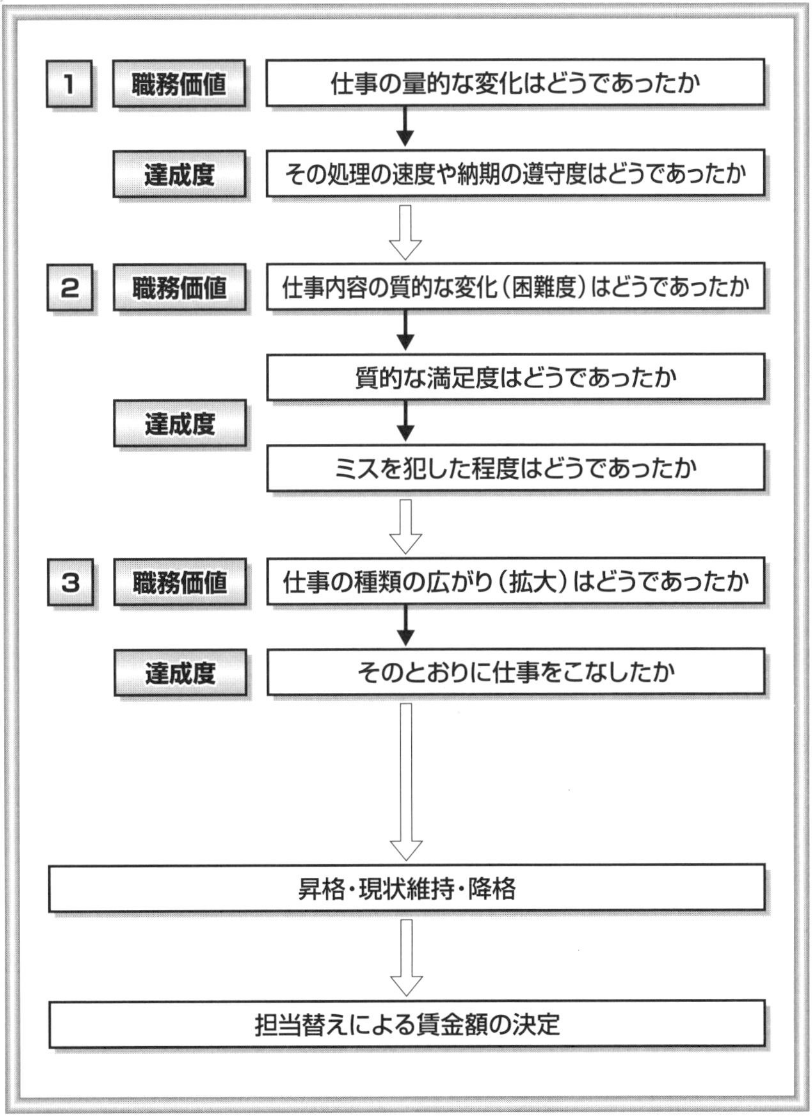
1
職務価値
仕事の量的な変化はどうであったか
達成度
その処理の速度や納期の遵守度はどうであったか
2
職務価値
仕事内容の質的な変化（困難度）はどうであったか
達成度
質的な満足度はどうであったか
ミスを犯した程度はどうであったか
3
職務価値
仕事の種類の広がり（拡大）はどうであったか
達成度
そのとおりに仕事をこなしたか
昇格・現状維持・降格
担当替えによる賃金額の決定

だけを基本給にする例は少なく、年齢給や職能給と並存しているのが一般的です。

◆範囲職務給

職務給の仕組みは、大きく分けると、等級にまったく幅を持たせない本来のものと、等級に幅（号）を設けた範囲職務給があります。［設計課題Ⅲ］では、日本で一般的に行なわれている範囲職務給について説明します。

⒜号の昇降

次ページは範囲職務給の例です。この職務１等級の初号額Ｂの欄に20万円と記されていますが、これが職務給の起点です。

そして、２年目以降は同じ等級の５号に進むまでは、職務査定の評価にもとづいて次の３つの方向に分かれます。

- ・昇号（号が上がる）――前年より、高い職務価値へ進む
- ・号は変わらない――――前年と同じ職務価値にとどまる
- ・降号（号が下がる）――前年より、低い職務価値へ戻る

この際に昇号しか行なわれないとすると職能給の定期昇給（習熟昇給）に近いものとなってしまうわけです。

さて２年目に１号進んで（昇号）２号となった場合でも、さらに５段階評価の結果がＢであった場合は205,100円となり、Ｄのときは201,700円へ、Ｓならば208,500円へと分かれていくわけです。

⒝職務等級の昇降格

１等級の５号まで達すると、評価がよければ、２等級に欠員ができた場合に限って２等級へ昇格し（１号Ｂの230,000円となります)、悪い評価のときは逆に降格するわけです。

⒞上位職の等級設定

管理職などの上位職は、係長職、課長職、部長職、営業所長職、工場長職などの役職位について、役割の大きさや責任の重さなどを基準に、必要に応じてさらに細分化して職務等級の設定を行ないます。

◆範囲職務給の例◆

職務1等級

号	昇給査定					査定結果による差額	号間の格差額
	S	A	B	C	D		
1	203,400	201,700	200,000	198,300	196,600	1,700	5,100
2	208,500	206,800	205,100	203,400	201,700		
3	213,600	211,900	210,200	208,500	206,800		
4	218,700	217,000	215,300	213,600	211,900		
5	223,800	222,100	220,400	218,700	217,000		

職務2等級

号	昇給査定					査定結果による差額	号間の格差額
	S	A	B	C	D		
1	234,000	232,000	230,000	228,000	226,000	2,000	6,000
2	240,000	238,000	236,000	234,000	232,000		
3	246,000	244,000	242,000	240,000	238,000		
4	252,000	250,000	248,000	246,000	244,000		
5	258,000	256,000	254,000	252,000	250,000		

職務3等級

号	昇給査定					査定結果による差額	号間の格差額
	S	A	B	C	D		
1	274,800	272,400	270,000	267,600	265,200	2,400	7,200
2	282,000	279,600	277,200	274,800	272,400		
3	289,200	286,800	284,400	282,000	279,600		
4	296,400	294,000	291,600	289,200	286,800		
5	303,600	301,200	298,800	296,400	294,000		

40 業績給の設計

■変動が大きいため、これ一本で基本給にする例はない

◆個別業績給

業績給は、個々の社員の実績を評価して決定される、変動する性格の強い賃金です。

そのため、これを導入しているのは、営業職などのように業績が数字で示されて客観的につかめる職種で、本人が希望する場合に限られているようです。また、この業績給一本だけで基本給を構成しているケースもほとんど見られません。

その一方で、「報奨金」や「営業手当」などの名称で、手当として付加的に支給されているケースが目立っています。

ここでは、営業社員への報奨金の意味での営業報奨手当についてシンプルな２つの方法を紹介します。

・**担当売上高別方式**――次ページの例のように、一定期間の実績（売上高など）に応じて賃金の額を設定する方法。

・**売上実績ポイント方式**――仕事の内容ごとに点数を決め、その合計点に応じて賃金額を決める方法。

◆集団業績給

個別業績給とは別に、集団業績給というものがあります。これは、事業所や営業所、チームなどを単位とするもので、その集団の業績に対して、その構成員たる社員に還元される賃金の総額を算出し、各構成員の貢献度に応じて分配する仕組みです。

この場合、売上利益など、各構成員の能力と努力の結果が反映されるよう、適切な業績指標を用いることが求められます。

◆営業報奨手当◆

ここがポイント 報奨給的な意味合で設けるのが一般的

担当売上高別方式の例

売上高	比率で設定する例	金額で設定する例
1カ月 2,000万円〜	左記の△%を支給	50,000円
1カ月 1,800万円〜	左記の△%を支給	40,000円
1カ月 1,600万円〜	左記の△%を支給	30,000円
1カ月 1,400万円〜	左記の△%を支給	20,000円
1カ月 1,200万円〜	左記の△%を支給	10,000円

売上実績ポイント方式の例

単　位	ポイント	ポイント単価
A商品1個について	10点	1点につき◇◇円を支給
B商品1個について	8点	
C商品1個について	6点	

発展型

- 地域別に分けるやり方も考えられる
- 新規顧客の開拓を優遇することも考えられる
- 経験年数でハンデをつけることも考えられる
- 代金が回収できたら支給するというやり方も考えられる
- 四半期ごとに評価し、賃金額を改定するやり方も考えられる

41 パートタイマーの賃金

■パートタイマーだからといって、軽視するのは禁物

◆時間給方式がほとんど

パートタイマーとは、パートタイム労働法の定義では、１週間あたりの所定労働時間が、正社員など他の社員に比較して短い社員のことをいいます。

一口にパートタイマーといってもさまざまで、最近は高度な専門性を持つ人たちも増えています。しかし、やはりまだ、所得税の非課税限度額内（年間103万円）か、社会保険で定められる扶養範囲内、あるいは夫の会社の家族手当の対象となる範囲内で勤務する主婦が圧倒的に多いのは事実です。

そのせいか、パートタイマーの賃金は時間給を用いている場合がほとんどです。

しかし、時給の場合は細分化された金額を扱うので、一見して小額に見えても集計すると膨大なものとなり、ムリ、ムダが発生していたり、時間帯によっては、人を確保できないというケースをよく見かけます。

そこで、賃金制度を設計するに際して、まず、現行の賃金制度がどうなのか、その実態をチェックして、問題点を改めるにはどうすればよいのか検討することが必要です。

そのために検討すべき項目は次ページのとおりですが、このうち1では、比較的長時間勤務するベテランの人について検討することが大切です。

また、3の人件費には、通勤費、賞与、福利厚生費、募集費などが含まれるので注意してください。

◆パートタイマー賃金のチェック◆

ここがポイント　現状の問題点を把握し、改善する方向で、新しい制度のあり方を検討する

1　自社の業態にとって時給制方式であることが適切か

2　正社員などと比較して、バランスのとれた賃金水準か

3　人件費というコストの面で見て適切か

4　同業種・同規模の地域水準に照らして適切か

5　最低賃金をクリアしているか

6　能力や業績評価の方法は適切か

7　昇給額や昇給制度が、やる気を高める仕組みになっているか

42 パートタイマー賃金の設計

■時間給に能力主義と勤続功労的要素を取り入れる

パートタイマーについては、とくに賃金表を作成していないところが多いようです。

しかし、パートタイマーも、やる気や能力が仕事に大きく影響します。それに応えるには、年功的な時間給では不充分で、やはり、能力主義と勤続功労的要素を取り入れた、客観性と納得性のある賃金制度を設計することが必要です。

パートタイマーでも、高度な技術や能力を要する場合には月給制ほかの支払い形態にすることも考えられます。しかし、一般的なパートの場合、時間単位で就労するので、やはり時間給としたほうが合理的です。そこで、ここでは時間給に能力主義を反映させるタイプの、次の２つの方法について考えてみます。

⑴複数賃率表方式

⑵段階号俸表方式

これらの設計例は次ページのとおりです。

⑴は開差型といって、等級間に格差を設けたものです。最初は評価Ｂの時給800円からスタート、次年度は、評価Ａの場合には820円へ、Ｂなら810円へ、Ｃの場合には800円のまま据え置きにするというものです。この例では評価Ｄは設けず、Ｃ評価となっても減給しないよう配慮しています。

⑵の段階号俸表方式は職能給としての体系的な運用を目指すものです。評価は５段階方式を用い、それぞれに昇給する幅が設けられています。

なお、アルバイトの賃金もパートタイマーに準じて行ないます。

◆パートタイマー賃金の設計例◆

ここがポイント 客観性のある賃金体系であることが大切

(1) 複数賃率表方式

1等級

勤続年数	評価		
	A	B	C
1年目		800円	
2年目	820円	810円	800円
3年目	830円	820円	810円
4年目		830円	810円

2等級

勤続年数	評価		
	A	B	C
1年目		850円	
2年目	880円	870円	860円
3年目	910円	890円	870円
4年目		910円	870円

評価が下がった場合でも、減給はしない

(2) 段階号俸表方式

	1等級	2等級	3等級	4等級
初号	800円	850円	900円	1,000円
1号	810円	865円	920円	1,020円
2号	820円	880円	940円	1,040円
3号	830円	895円	960円	1,060円
4号	840円	910円	980円	1,080円
5号	850円	925円	1,000円	1,100円

評価は次のように反映させる				
S→4号俸	A→3号俸	B→2号俸	C→1号俸	D→0号俸

昇格した場合は、直近の上位額に移行する

memo

第4章

賞与、退職金制度の設計と年俸制の導入

43 新しい賞与の考え方

■経営業績の指標の設定と個人の貢献度評価がカギ

◆業績連動型賞与

従来の賞与は、会社の業績と世間相場や同業他社の動向などを参考にして支給総額を決め、それを次ページのように、基本給などの算定基礎額の何カ月分に人事考課（賞与査定）を若干反映させて支給するというのがほとんどで、必ずしも合理的とはいえませんでした。

そのせいもあって、最近とくに増えているのが、従来型の賞与を見直し、決定基準を明確に定めようという業績連動型の賞与です。

この業績連動型賞与は、次の２つの条件を満たす必要があります。

⑴組織（会社）の業績を判断するための客観的な指標を設定し、社員に還元する賞与の枠（総額原資）を明らかにすること

⑵貢献度の高い社員の分け前が多くなるような、個別の分配ルールを設けること

⑴の組織の業績は、会社全体で見る場合と、部課、営業所、チームなどの組織単位で見る場合があります。組織単位ごとに業績を把握するには、それぞれの財務管理を適正に行ない、業績に関するデータを社員に公開することが必要です。

また、企業活動では社員が単独で完結する業務は少なく、組織や集団として機能し、業績を発揮するものが大半です。個人の業績が見えやすい営業でも、会社や上司からの指示のあり方、製造、仕入、流通、広告部門などの協力や情報伝達などによって大きく左右されます。

こういう中で個人の業績を見定めるには、組織業績に対して、個々がどの程度貢献したかという間接的な評価を行なうことが必要で、それを示したのが⑵の条件です。

◆従来の賞与の仕組みと問題点◆

ここがポイント 従来の賞与は曖昧な要素が多く、賃金としての合理性に欠ける面があった

算定基礎額 × **標準支給月数** ×（±）**賞与査定** ×（±）**出欠勤状況**

算定基礎額 ― 基本給を中心に、一部手当などを含めて設定する

↓ 問題点

年功制の基本給の場合、賞与も年功的になってしまう

標準支給月数 ― 会社の業績に応じて、算定基礎額に対する月数を設定する

↓ 問題点

標準支給月数が固定的になり、柔軟性を失っている

賞与査定 ― 個別の人事考課結果を賞与に反映させる

↓ 問題点

考課の結果が、賞与額の格差づけにあまり反映されていない

出欠勤状況 ― 出勤率を乗じたり、欠勤分の減額や皆勤増額などで反映する

44 賞与月数の設定法

■査定結果をもとに、相対的に賞与体系を検討する

◆賞与指数表

132ページの、条件(2)の個別分配ルールを設けるための第一段階といえるものが賞与指数表です。

賞与指数表とは、人事考課や賞与査定の評価をもとに、相対的に賞与の体系を設定したもので、次ページの上の表のように、まず賞与係数で示し、これにもとづいて、下の表のように月数でシミュレーションを行なうものです。

次ページの上の表では、平均の評価Bを標準とした5段階査定を用いています。

一般社員層と管理職層、高度専門職層が別建てになっていますが、これは上位等級と下位等級での評価による格差のとり方を変えたからです。つまり、下位等級はすべて等間隔ですが、上位等級ではSとAの上方査定は大きくし、下方査定のCとDは小さくして、賞与にメリハリをつけたわけです。

この格差づけは、会社の方針や職務で決めてかまいません。たとえば下位等級でも、営業のように、個人の業績が明確に把握できる職種については、努力に対する報奨の意味を強調して、上位の格差を大きくすることも行なわれています。

また、5～6級の管理・専門職のうち、上段では10%増しとなっているのは、管理職全体に賞与水準を厚くし、時間外手当が支給されないことや、職務上の役割責任の重さに報いるためのものです。

◆賞与指数表の例◆

ここがポイント 平均評価Bより、上方の評価者は下方より格差を大きくとるとよい

賞与考課別支給係数

対象		評価				
等級	区分	S	A	B	C	D
5〜6	管理・専門職	1.320	1.210	1.100	0.990	0.935
	管理・専門職	1.200	1.100	1.000	0.900	0.850
1〜4	一般	1.100	1.050	1.000	0.950	0.900

賞与考課別支給月数

標準設定月数	2.00ヵ月

対象		評価				
等級	区分	S	A	B	C	D
5〜6	管理・専門職	2.64	2.42	2.20	1.98	1.87
	管理・専門職	2.40	2.20	2.00	1.80	1.70
1〜4	一般	2.20	2.10	2.00	1.90	1.80

注）管理・専門職欄の上の段は、一般社員より10%を上乗せして設定しています

45 業績指標と賞与総額

■社員が納得できる形で賞与総額を設定することが第一

◆公正な業績判断指標を選ぶ

賞与の額は普通、その期の経営結果を見て、総額でいくらを社員に還元すべきかを決め、それを社員個々に分配する形で決められます。

つまり、賞与総額がその原点になるわけです。したがって、会社はもちろん、社員にも納得のいく賞与を決定するには、その賞与総額決定の決め手となる業績判断に用いる指標が適切であることが重要です。

その指標として、一般に下に示したものがよく用いられています。これらの何が適切かは、業界、業種や会社の事情によって異なるし、選択は自由ですが、この場合に忘れてならないことは、社員が「これなら公正だ」と納得できるものを選ぶことです。

売上高	表面的な稼ぎ高を表わす
付加価値	売上総利益。粗利益ともいい、流通業で多く用いられている
営業利益	社員の営業活動の成果を表わす
経常利益	会社の経営活動の成果を表わす。組織の実力を示す
当期利益	会社の経営余力を示す
キャッシュフロー	現金利益（資金）を、どれだけ稼ぎだしたかを表わす
EVA	経済的付加価値。経営の質を表わす
ROE	株主資本利益率。資本でどれだけの利益をあげたかを表わす

46 賞与のポイント化

■賞与の評価を基本給から分離、能力主義の強化を図る

◆賞与を2つに分ける

本格的な業績連動型賞与で注目されているのが、ポイント方式というものです。

これは、賞与額の基準を一律に基本給など、算定基礎額に月数を乗ずるというやり方はやめ、その代わりにポイント単価を用いて賞与査定を表わそうというものです。

そのため、この方式では、賞与をその性格によって、次のように2つの部分に分けて考えます。

(a)固定的部分（安定保証分）

(b)変動的部分（業績賞与分）

固定的部分は、いわゆる月例賃金の後払い的な、生活給としての意味合を含む部分で、会社としては固定的な費用として見ます。

つまり、業績がいかに悪化しても、これだけは賞与として社員に支払わなければならないという下限値を示しているわけです。

この部分では、ポイント方式は用いず、支給額の基準は月数で表わします。その金額は、年間では所定内賃金ベースの2～4カ月分とするのが一般的です。

(b)の変動的部分は、会社や組織、個人の業績に応じて、期ごとに、支給する額が変動する部分のことです。いわば、業績の一部を社員に還元するという性格を持つ部分で、ポイント方式はここで用います。

つまり、この評価を反映して変動する部分をポイント方式にすることによって、年功的な性格を残す基本給から賞与を分離し、能力主義を強めようというわけです。

47 賞与ポイント表をつくる

■等級と賞与査定評価を軸にしてポイントを配分

◆格差のとり方で性格が変わる

ポイント方式による場合、賞与の配分は賞与ポイント表というものを用いて検討します。

これは、縦の欄（等級または役職などの階層）と横の欄（個人査定）の相関関係によって配分するもので、次ページはその例です。この例では、賞与のうち業績賞与の部分だけを示していますが、よりキメ細かく賞与査定に対応するために、Ｂ（平均）の評価をＢ＋、Ｂ、Ｂ－の３つに分けて、７段階評価としています。

そしてこの評価にもとづき、次のようにポイントを設定しました。

①１等級の標準査定Ｂを100ポイントとする

②最高値の6等級Ｓを500、最低値の１等級のＤを50ポイントとする

③②の範囲内で、評価内容に応じて各欄にポイントを配分する

たとえば、２等級の社員で今期の賞与査定がＡだったとすると、その人は150ポイントを得ることになります。今回の賞与のポイント単価が1,000円なら、それに獲得ポイント数を掛けた15万円が彼の業績賞与の額となるわけです。

そして、今回の賞与の固定的部分が1.5ヵ月分（年間３ヵ月）で、彼の基本給（算定基礎額）が20万円であるとすると、安定保証分は30万円で、業績分の15万円を足した45万円が賞与の総額になります。

このポイント方式では、査定を重視したい場合には横の欄の格差を大きくし、上位者を厚遇したいときには縦の欄の格差を大きくすればよいわけです。また、固定部分の割合をどうとるかによって査定の反映度が違ってくることは、いうまでもありません。

◆賞与ポイント表の例◆

ここがポイント　1等級B評価を100として、賞与評価の結果をポイント数で示す

	階層区分	等級	評価						
			S	A	B＋	B	B−	C	D
業績賞与分	管理・専門職	6	500	375	313	250	213	175	100
		5	440	330	275	220	187	154	88
	指導・監督職	4	255	213	187	170	153	128	85
		3	225	188	165	150	135	113	75
	一般担当職	2	180	150	132	120	108	90	60
		1	150	125	110	100	90	75	50

ポイント単価の算出方法

A　賞与査定の評価をもとに社員の総ポイントの概算を計算する

1等級A 2名 125p×2 ＋ 1等級B 5名 100p×5 ＋……▶＋ 6等級D 1名 100p×1 ＝ 総ポイント 17,000p

B　今期の業績賞与総額を、Aで計算した総ポイント数で割る

たとえば、総額が1,700万円だったとすると

17,000,000円÷17,000p＝1,000円→ポイント単価

48 退職金制度見直しの必要性

■年功厚遇の退職金制度は労働市場の現状に適さなくなった

◆年功累乗型

最近、多くの会社で退職金制度の見直しが進められています。

その最大の理由は、従来の退職金のほとんどが基本給を中心にした月例賃金を算定基礎額とし、それに勤続年数ごとの係数を乗じる方法で決められていたことにある、といってよいでしょう。

この計算法だと、年功制の月例賃金の場合には、長く勤めればそれだけ有利になります。それに、ほとんどの会社が勤続係数を勤務した期間に応じて大きくしているので、まさに累乗的に年功者に有利になっています。

終身雇用制のもとでは、それはそれで有効なものでした。しかし最近では、中途退社や中途入社者が増えており、年功者優遇の退職金では不利だという不満が高まっています。また、かつては老後保障や勤続報奨に主眼が置かれていたのが、いまやいわゆるリストラ退職者を優遇するなど、会社側の退職金の見方も大きく変化してきました。

退職金見直しの機運は、そういった変化を背景にしたものです。これも、算定基礎の見直しなどの応急手当だけでなく、なかには**「退職金前払い選択制」**を導入するなど、退職金制度の枠組み自体を改革するところや、さらには**退職金を全廃**するところも見られます。

このような情勢にふさわしい退職金制度とはどのようなものなのか、ここでは見ていきます。

▶退職金前払い選択制——社員本人の選択によって、退職時ではなく事前に退職金を受け取ることができる制度です

▶退職金制度の全廃——一般的なのは、退職金をやめて、その分を年間に支払われるその他の賃金に吸収統合するという方法です。このやり方は、退職金としての所得税法での免税特例が受けられなくなるため、採用に際しては注意が必要です

◆退職金制度改革の背景◆

ここがポイント 社会環境、経営環境などの変化が退職金制度改革の機運を高めた

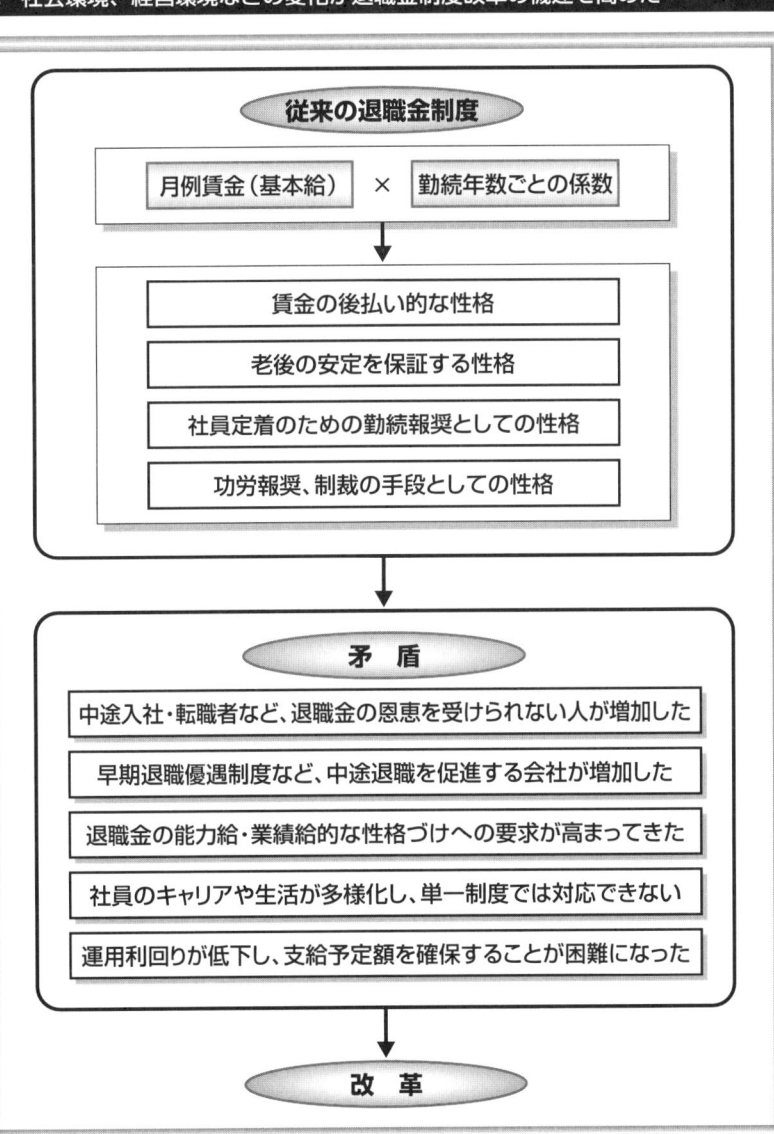

従来の退職金制度

月例賃金（基本給） × 勤続年数ごとの係数

↓

- 賃金の後払い的な性格
- 老後の安定を保証する性格
- 社員定着のための勤続報奨としての性格
- 功労報奨、制裁の手段としての性格

↓

矛　盾

- 中途入社・転職者など、退職金の恩恵を受けられない人が増加した
- 早期退職優遇制度など、中途退職を促進する会社が増加した
- 退職金の能力給・業績給的な性格づけへの要求が高まってきた
- 社員のキャリアや生活が多様化し、単一制度では対応できない
- 運用利回りが低下し、支給予定額を確保することが困難になった

↓

改　革

49 月例賃金分離型退職金制度とは

■月々の賃金とは別個の体系で退職金システムを組む

◆4つの方法

退職金制度見直しの応急手当として、多くの会社では、基本給の一定割合のみを算定基礎額とするように変更して、退職金額の増加を抑えたり、いわゆる**第二基本給**を導入して、算定基礎額から除外したりするなどの対症療法がとられてきました。

しかし、環境の変化は激しく、もはや、そういった小手先だけの手当では対応しきれなくなっています。

そういう中で注目され、導入が進められているのが、月例賃金分離型の制度です。

これは、基本給などの月々の賃金と退職金を絶縁し、別個の制度として考える方法で、その利点として次のことがあげられています。

①年功（勤続功労）的な要素を合理的に排除できる
②ベースアップのたびに計算し直す面倒がなくなる
③退職金は本来的に、生活給としての意味合が強い月例賃金と性格を異にするため、別の基準で実施したほうが理に適う

この月例賃金分離型の退職金には、基礎額別表方式、標準定額表方式、方程式方式、ポイント方式の4つの方法があります。それぞれの仕組みと特徴は次ページに示したとおりですが、どれも一長一短な面があるため、導入に際しては充分な検討が必要です。

ここでは、代表的なものとして、方程式方式とポイント方式を取り上げて、設計例をあげて説明していきます。

▶第二基本給――従来の基本給とは別に、名称を変えて別の基本給的なものを新たに設け、定期昇給は主に、従来の基本給のみ行なう方法をいいます

◆月例賃金と分離する型の退職金制度◆

ここがポイント 長所と短所をよく見きわめて、自社に最適な制度を選択しよう

	方式と計算式	内容と特徴
基礎額別表方式	［基礎額テーブル］×［支給率］	退職金の算定基礎額を、月例賃金とは別に職能等級別などによって設定し、勤続年数別の支給率を乗じて計算する方法 〔長所〕月例賃金分離型の退職金へ容易に改定導入できる 〔短所〕ベースアップの基礎額表の改定にあたって検討を要し、社員の理解が得にくい
標準定額表方式		あらかじめ、職能等級や勤続年数別などにもとづいて定額退職金額を設定、その表によって実施する方法 〔長所〕導入改定が容易で、仕組みも簡単明瞭で、運用しやすい 〔短所〕退職金額が固定化されるというイメージが強い
方程式方式	［退職時勤続係数］×［退職時職能係数］×［基礎単価］	係数を乗じて退職金額を計算する方法 〔長所〕簡単明瞭な方式で、計算しやすく、社員も理解しやすい。また、他の制度への相互移行もしやすい 〔短所〕過去の貢献実績までは充分に反映できない。退職金基礎額の改定に検討を要する
ポイント方式	［勤続ポイントと職能ポイントの累計］×［ポイント単価］	あらかじめ設定された1年（1期）あたりの職能ポイントと勤続ポイントとを毎年累積させ、その累計ポイントにポイント単価を乗じて算出する方法 〔長所〕社員の毎年の貢献度まで反映でき、能力主義人事の考え方にもっとも適った方法といえる。 　人事考課結果や役職貢献度の反映など、必要に応じてさまざまなバリエーションが考えられる 〔短所〕毎年の等級ごとの履歴管理が必要で、長年にわたって、安定した人事制度が行なわれないと充分に機能しない

50 方程式方式退職金の設計

■カギは、職能係数をどう設定するかにある

◆退職金モデル

146ページは一般的な方程式方式による退職金モデルの例です。

退職金モデルは、その会社で新卒から勤務したと仮定して社員モデルを設定し、その勤続年数ごとに現在時点での退職金の水準を表わしたものをいいます。

社員モデルは３章で説明したものに準じて、ａモデル（現実的な優秀社員像）とｂモデル（平均的な社員像）の２つを想定します。

これによって、退職金必要額などを検討していくわけですが、退職金モデルの場合、３章の賃金モデルと違い、中途入社の社員が多い会社だと、実際の金額と想定の間に相当大きな隔りが出るため、注意が必要です。

◆方程式方式退職金の設計ポイント

方程式方式退職金は、あらかじめ次の４つを設定しておき、これらを掛け合わせることで算出するものです。

①退職時の年数に対応した勤続係数

②退職時の等級に対応した職能係数

③基礎単価

④自己都合か会社都合か、退職の理由に対応した退職事由別係数

次ページは設計例の概要をまとめたものですが、方程式方式退職金の設計では次の点に注意してください。

ⓐ職能係数の等級間差を大きくする

方程式方式退職金での退職時基礎単価と退職時職能係数を掛けたものが、従来型の退職金制度の算定基礎額にあたる、と見ることができ

◆方程式方式退職金の設定例◆

ここがポイント 職能係数の設定の仕方で、能力型にもなれば年功型にもなる

退職金額 ＝ 退職時勤続係数 × 退職時職能係数 × 基礎単価 × 退職事由別係数

- 退職時勤続係数 → 勤続1年後の0.90から、勤続42年後の52.00の範囲で設定
- 退職時職能係数 → 1等級110～6等級400で設定（146ページ参照）
- 基礎単価 → 1,000円とする
- 退職事由別係数 → 会社都合を1とし、自己都合は下表のように設定

［自己都合係数表］

勤続年数	係　数
3年未満	0.0
3年以上5年未満	0.3
5年以上10年未満	0.4
10年以上15年未満	0.5
15年以上20年未満	0.7
20年以上25年未満	0.9
25年以上	1.0

◆方程式方式退職金のモデル賃金表の例◆

年齢	勤続年数	A勤続係数	bモデル 等級	bモデル B職能係数	bモデル A×B	bモデル ×基礎単価 1,000円	aモデル 等級	aモデル B職能係数	aモデル A×B	aモデル ×基礎単価 1,000円
18	0	0.00	1	110		0	1	110		0
19	1	0.90	1	110	99	99,000	1	110	99	99,000
20	2	1.80	1	110	198	198,000	1	110	198	198,000
21	3	2.70	1	110	297	297,000	1	110	297	297,000
22	4	3.60	2	130	468	468,000	2	130	468	468,000
23	5	4.50	2	130	585	585,000	2	130	585	585,000
24	6	5.40	2	130	702	702,000	2	130	702	702,000
25	7	6.30	2	130	819	819,000	2	130	819	819,000
26	8	7.20	3	170	1,224	1,224,000	3	170	1,224	1,224,000
27	9	8.10	3	170	1,377	1,377,000	3	170	1,377	1,377,000
28	10	9.00	3	170	1,530	1,530,000	3	170	1,530	1,530,000
29	11	10.00	3	170	1,700	1,700,000	3	170	1,700	1,700,000
30	12	11.00	3	170	1,870	1,870,000	4	230	2,530	2,530,000
31	13	12.00	4	230	2,760	2,760,000	4	230	2,760	2,760,000
32	14	13.00	4	230	2,990	2,990,000	4	230	2,990	2,990,000
33	15	14.00	4	230	3,220	3,220,000	4	230	3,220	3,220,000
34	16	15.00	4	230	3,450	3,450,000	5	310	4,650	4,650,000
35	17	16.00	4	230	3,680	3,680,000	5	310	4,960	4,960,000
36	18	17.00	4	230	3,910	3,910,000	5	310	5,270	5,270,000
37	19	18.00	4	230	4,140	4,140,000	5	310	5,580	5,580,000
38	20	19.00	5	310	5,890	5,890,000	5	310	5,890	5,890,000
39	21	20.50	5	310	6,355	6,355,000	5	310	6,355	6,355,000
40	22	22.00	5	310	6,820	6,820,000	6	400	8,800	8,800,000
41	23	23.50	5	310	7,285	7,285,000	6	400	9,400	9,400,000
42	24	25.00	5	310	7,750	7,750,000	6	400	10,000	10,000,000
43	25	26.50	5	310	8,215	8,215,000	6	400	10,600	10,600,000
44	26	28.00	5	310	8,680	8,680,000	6	400	11,200	11,200,000

			bモデル				aモデル			
年齢	勤続年数	A勤続係数	等級	B職能係数	A×B	×基礎単価1,000円	等級	B職能係数	A×B	×基礎単価1,000円
45	27	29.50	5	310	9,145	9,145,000	6	400	11,800	11,800,000
46	28	31.00	5	310	9,610	9,610,000	6	400	12,400	12,400,000
47	29	32.50	5	310	10,075	10,075,000	6	400	13,000	13,000,000
48	30	34.00	5	310	10,540	10,540,000	6	400	13,600	13,600,000
49	31	35.50	5	310	11,005	11,005,000	6	400	14,200	14,200,000
50	32	37.00	5	310	11,470	11,470,000	6	400	14,800	14,800,000
51	33	38.50	5	310	11,935	11,935,000	6	400	15,400	15,400,000
52	34	40.00	5	310	12,400	12,400,000	6	400	16,000	16,000,000
53	35	41.50	5	310	12,865	12,865,000	6	400	16,600	16,600,000
54	36	43.00	5	310	13,330	13,330,000	6	400	17,200	17,200,000
55	37	44.50	5	310	13,795	13,795,000	6	400	17,800	17,800,000
56	38	46.00	5	310	14,260	14,260,000	6	400	18,400	18,400,000
57	39	47.50	5	310	14,725	14,725,000	6	400	19,000	19,000,000
58	40	49.00	5	310	15,190	15,190,000	6	400	19,600	19,600,000
59	41	50.50	5	310	15,655	15,655,000	6	400	20,200	20,200,000
60	42	52.00	5	310	16,120	16,120,000	6	400	20,800	20,800,000

職能係数

等級	職能係数
1	110
2	130
3	170
4	230
5	310
6	400

ます。実際にも、これを等級ごとの平均的な算定基礎額から割り出す方法を用いているところは少なくありません。

しかし、このやり方だと、月例賃金が年功的だと、退職金にも年功的な性格が移り、改革する意味が薄れてしまう恐れがあります。

これを避けて、能力主義を強化するには、等級間の係数の差を大きくしてメリハリをつけることを考えてください。

⒝昇格後年数に応じて職能係数に変化をつける

職能係数は退職時の等級にもとづいて設定されますが、この場合、昇格後まもない社員と昇格直前に退職する社員との差が大きくなりすぎる傾向があります。

この不合理さを是正するには、昇格後の年数に応じて係数を変えられるよう、「３等級に在籍して２年以上を経過し、成績が良好なものは………」というように、特例を設けるとよいでしょう。

⒞基礎単価は切りのよい金額にする

方程式方式退職金は、勤続係数と職能係数の掛け算で相対水準が決まるものなので、基礎単価はこの例で1,000円としたように、導入時は切りのよい金額を設定するのが一般的です。

導入後の全体の水準の是正は、基礎単価の改定という形で行ないます。月例賃金と異なり、改定は必ずしも毎年行なう必要はありませんが、２～３年に１度は見直しすることが必要です。

⒟自己都合係数表をつくる

この例では、④の退職事由別係数について、会社都合による場合を１とし、自己都合による場合は、自己都合係数表を作成して勤続年数ごとに係数を設定しています。このやり方は、一般的に行なわれているので、この例でも採用しました。

なお、この例では説明しやすくするためにａモデルとｂモデルの格差を大きくしています。実際には、自社の事情を考えて無理のない金額を設定してください。

51 ポイント方式退職金の設計

■等級ごとに、社員の毎年の貢献度まで細かく反映できる

◆ポイント方式退職金の仕組み

152ページはポイント方式退職金モデルの設計例です。これもａモデルとｂモデルの２つの場合を想定しており、高卒で入社して42年間勤務したとして、60歳の定年時の退職金額（満期退職金額）を、ｂモデルは1,568万円、ａモデルは2,443万円と、あえて大きな差をつけました。

方程式方式では勤続係数、職能係数という係数を用いましたが、ポイント方式は点数制で、勤続ポイント、職能ポイントを用います。

退職金額は、151ページにあるように、この勤続ポイントと職能ポイントを加えたものを累積し、それにポイント単価と退職事由別係数を掛けて算出します。

・勤続ポイント

152ページをご覧になればわかるように、勤続１年目の５ポイントから段階を追ってアップしてゆき、勤続21～25年の13ポイントをピークに、そのあとはダウンし、勤続36年目からはゼロになるというように、働き盛りを高く評価してヤマ型に設定しています。

・職能ポイント

ポイント方式のすべてで取り入れているわけではありませんが、この例では、毎年の人事考課まで反映させる仕組みとなっています。

ここでは、標準のＢ評価の場合は１等級の１年目の５ポイントから６等級の65ポイントまで設定し、さらにそれぞれの等級ごとに考課差を設けています。

ちなみに、Ａ（優秀）評価の場合は、１等級の１年目を６ポイントとし、６等級は78ポイントとしています。これは、４等級まではＢ評

価のほぼ10％増しとし、５等級以上は20％増しにしてメリハリをつけるためのものです。

なお、このポイント方式には、勤続ポイントを設けずに職能ポイントだけとするやり方もあります。

◆ポイント方式退職金の導入にあたって

ポイント方式退職金を成功させるために、導入に際してはとくに次のことに注意してください。

⒜昇格管理を適正に行なう

ポイント方式の最大のメリットは、若くして昇格し、早くから高い等級に進んで貢献を重ねた社員に対してより厚く報いることができる、という点にあります。

この利点を活かすには、ふだんから能力主義にもとづいた昇格管理を、適正に行なうことが大切です。

⒝安定して継続的な人事管理を行なう

ポイント方式は、退職時に限らず、入社以来毎年の能力、貢献度に応じたポイントを積み重ねる制度です。

したがって、長期にわたって人事制度が適正に行なわれることが前提となります。人事考課も含めて人事情報管理も必要です。

◆ポイント方式退職金の設定例◆

ここがポイント 毎年の貢献度をポイントを累積することで反映できる

退職金額 ＝Σ｛**毎期の勤続ポイント** ＋ **毎期の職能ポイント**｝× **ポイント単価** × **退職事由別係数**

（Σ｛毎期の勤続ポイント＋毎期の職能ポイント｝：累　計）

毎期の勤続ポイント →	勤続1年目を5pと設定、次第に上がっていき、21～25年をピークとし、35年目でストップ（152ページ参照）
毎期の職能ポイント →	毎年、人事考課を実施し、その評価結果にもとづいて設定する（152ページ参照）
ポイント単価 →	1,000円で設定
毎期の勤続ポイント →	方程式方式の例と同じ（145ページの自己都合係数表参照）

◆ポイント方式退職金のモデル賃金表の例◆

			bモデル					aモデル				
年齢	勤続年数	勤続p	等級	職能p	年計p	累積p	×p単価10,000円	等級	職能p	年計p	累積p	×p単価10,000円
18	0		1				0	1				0
19	1	5	1	5	10	10	100,000	1	6	11	11	110,000
20	2	5	1	5	10	20	200,000	1	6	11	22	220,000
21	3	5	1	5	10	30	300,000	1	6	11	33	330,000
22	4	5	2	7	12	42	420,000	2	8	13	46	460,000
23	5	5	2	7	12	54	540,000	2	8	13	59	590,000
24	6	7	2	7	14	68	680,000	2	8	15	74	740,000
25	7	7	2	7	14	82	820,000	2	8	15	89	890,000
26	8	7	3	15	22	104	1,040,000	3	17	24	113	1,130,000
27	9	7	3	15	22	126	1,260,000	3	17	24	137	1,370,000
28	10	7	3	15	22	148	1,480,000	3	17	24	161	1,610,000
29	11	10	3	15	25	173	1,730,000	3	17	27	188	1,880,000
30	12	10	3	15	25	198	1,980,000	4	22	32	220	2,200,000
31	13	10	4	20	30	228	2,280,000	4	22	32	252	2,520,000
32	14	10	4	20	30	258	2,580,000	4	22	32	284	2,840,000
33	15	10	4	20	30	288	2,880,000	4	22	32	316	3,160,000
34	16	12	4	20	32	320	3,200,000	5	54	66	382	3,820,000
35	17	12	4	20	32	352	3,520,000	5	54	66	448	4,480,000
36	18	12	4	20	32	384	3,840,000	5	54	66	514	5,140,000
37	19	12	4	20	32	416	4,160,000	5	54	66	580	5,800,000
38	20	12	5	45	57	473	4,730,000	5	54	66	646	6,460,000
39	21	13	5	45	58	531	5,310,000	5	54	67	713	7,130,000
40	22	13	5	45	58	589	5,890,000	6	78	91	804	8,040,000
41	23	13	5	45	58	647	6,470,000	6	78	91	895	8,950,000
42	24	13	5	45	58	705	7,050,000	6	78	91	986	9,860,000
43	25	13	5	45	58	763	7,630,000	6	78	91	1,077	10,770,000
44	26	5	5	45	50	813	8,130,000	6	78	83	1,160	11,600,000

年齢	勤続年数	勤続p
45	27	5
46	28	5
47	29	5
48	30	5
49	31	3
50	32	3
51	33	3
52	34	3
53	35	3
54	36	0
55	37	0
56	38	0
57	39	0
58	40	0
59	41	0
60	42	0

bモデル

等級	職能p	年計p	累積p	×p単価10,000円
5	45	50	863	8,630,000
5	45	50	913	9,130,000
5	45	50	963	9,630,000
5	45	50	1,013	10,130,000
5	45	48	1,061	10,610,000
5	45	48	1,109	11,090,000
5	45	48	1,157	11,570,000
5	45	48	1,205	12,050,000
5	45	48	1,253	12,530,000
5	45	45	1,298	12,980,000
5	45	45	1,343	13,430,000
5	45	45	1,388	13,880,000
5	45	45	1,433	14,330,000
5	45	45	1,478	14,780,000
5	45	45	1,523	15,230,000
5	45	45	1,568	15,680,000

aモデル

等級	職能p	年計p	累積p	×p単価10,000円
6	78	83	1,243	12,430,000
6	78	83	1,326	13,260,000
6	78	83	1,409	14,090,000
6	78	83	1,492	14,920,000
6	78	81	1,573	15,730,000
6	78	81	1,654	16,540,000
6	78	81	1,735	17,350,000
6	78	81	1,816	18,160,000
6	78	81	1,897	18,970,000
6	78	78	1,975	19,750,000
6	78	78	2,053	20,530,000
6	78	78	2,131	21,310,000
6	78	78	2,209	22,090,000
6	78	78	2,287	22,870,000
6	78	78	2,365	23,650,000
6	78	78	2,443	24,430,000

職能ポイント

等級	人事考課				
	S	A	B	C	D
1	7	6	5	4	3
2	9	8	7	6	5
3	18	17	15	14	12
4	24	22	20	18	16
5	63	54	45	36	27
6	91	78	65	52	39

bモデルは評価B、
aモデルは評価Aで
設定しています

52

ポイント方式退職金のオプション

■任意に加算ポイントを設け、功労に報いることができる

設計例では取り上げてはいませんが、ポイント方式退職金では、次のようなオプション（加算）が考えられます。

①役職ポイントの加算

職能資格制度における職能ポイントとは別に、役職位の在任期間の役割責任を評価して加算するものです。

これはいわば、退職金の役割給といえるもので、たとえば対象年度に該当する役職にあれば、次のようにポイントを加算します。

昇給査定	ポイント
部長	10〜12
課長	5〜7
営業所長	3〜5
係長	3

②功労金としての加算

退職金の計算式以外で、在職時の功労を特別に評価して加算するものです。

たとえば「在職時の功労を評価して、支給計算額の20％以内で加算することがある」という形で設定します。

53 確定拠出型年金

■運用結果によって受給額が変わる

◆日本版401k

年金制度の改定にあたって注目されているのが、「確定拠出型年金」というものです。これは社員が自己の責任で運用するもので、その結果、年金額が変動するという、従来には見られなかった新しいシステムで、すでにアメリカで実施されていたものにならって日本版401kといわれています。

この確定拠出型年金のスタートは、平成13年の年金法の改正で認められたことによります。

いままでの年金は、確定給付型、すなわち給付される年金額をあらかじめ定めておいたうえで、これからいくら積み立てていったらよいかを計算する方式でした。確定拠出型年金はその順序が逆になり、まず掛け金を決定し、その運用結果によって、個々人に給付される年金額のほうが変動する仕組みを認めたものです。

その基本的な仕組みは次のとおりです。

・年金を受給するのは、原則60歳からとなる
・会社単位で加入する場合と、個人単位で加入する場合がある
・会社単位加入の場合、原則として全社員が加入しなくてはならない
・会社単位加入の場合、掛け金は会社を通じて拠出する
・掛け金の限度額が定められている

この制度は、「ポータビリティ」といって、転職や退職した場合にも権利を継続できるのが大きな利点です。

▶個人単位の加入——自営業者か、企業年金を導入しておらず、確定拠出型の年金も導入していない会社の社員が対象です

54 年俸制導入の目的

■自己裁量の権限を持つ社員が、自らの賃金に責任を負う制度

◆社員の高齢化対策が中心

年俸制とは、普通、1年を単位にして賃金を決める方式をいいます。これは、担当職務の責任の重さや業績に応じて、会社と社員の面接によって年間の賃金を決定するもので、従来は役員報酬などで行なわれていました。しかし最近は、大企業を中心に上位の管理職や専門職に導入する会社が増えており、その理由として次のことがあげられています。

①会社や個人の業績評価の結果を明確に賃金に反映させるため
②社内の活性化を図るため
③社員の会社経営への参画意識を強めるため
④個別賃金管理へ移行し、硬直化した賃金体系を柔軟化するため
⑤社員が高齢化したため（年功給を廃止したい）
⑥総額人件費を抑制するため

たしかに、これらの理由は理解できます。しかし、年俸制を導入すればそのすべてを解決できるのかというと、問題は別です。

次ページをご覧ください。これは、実際に導入した会社に、その結果をたずねたものですが、ここに示されているように、年俸制はひとつ間違えると大きなマイナスをもたらす恐れがあります。

したがって、導入にあたってはここに指摘されたマイナスが生じないように充分に準備をしておくことが大切です。なかでも重要なのは、年俸決定の評価方法の問題で、まずこれをしっかりと固めておく必要があります。

◆年俸制の功罪◆

ここがポイント 年俸制を導入した会社の声を聞くと、次のようにその功罪が分かれた

	功	罪
社員への影響	・会社の経営に参画するという意識が出てきた ・責任感が強まった ・能力主義が反映され、優秀な社員がよりいっそうやる気になった	・日本的組織の特長である和の風土が乱れてきた ・社員の定着率が低くなった ・賃金決定に対して、「会社側の都合がよいように運用されてしまうのではないか」と、社員が不安を訴えるようになった
業務への影響	・目標管理の意識が高まった	・目先の業績にとらわれるなど、指向が短期的になり、計画的な異動配置や長期育成計画などの妨げになる恐れが出てきた ・結果オーライとなってしまい、結果にいたるまでの重要なプロセスを見失ってしまった
人事管理面	・年功的だった賃金制度の改革ができた ・人事管理が、柔軟かつ個別に対応できるようになった ・高度専門職など、特殊な採用の場合に対応できるようになった ・中途採用社員に柔軟に対応できるようになった ・高齢者の賃金が、実態に応じて決められるようになった	・運用がうまくいかず、結果的に年功的になり、人件費増になってしまった
年俸制の運用	・業績評価が明確になった	・年俸制を適正に運用するための人事考課制度や面接制度が伴わず、問題が生じた ・日本の組織では役割や職務価値への評価が難しい ・評価者の負担が重くなった ・評価者に高い能力が要求され、それに追いつけない ・個々の目標設定や達成度評価が難しい ・基礎研究や管理業務部門では対応しにくい ・業績のとらえ方が難しい

55 年俸制導入への準備

■能力主義の考え方が定着しないうちに導入してはならない

年俸制を導入する場合、まず基盤づくりをしっかりと行なうことが重要です。これは、次ページのような段取りで進めるとよいでしょう。つまり年俸制は、職能資格制度を整備し、能力主義人事を強化してから導入すべきである、ということです。

また年俸制は、対象を間違えると混乱を招いてしまう恐れがあります。導入にあたっては、対象にする社員と職種について充分に検討し、当人の賛同を得るようにすることも忘れないでください。参考までにいうと、年俸制に向く社員像と職種には次のものがあります。

◆年俸制に適した社員像

・担当する仕事について、計画から実行まで自分でコントロールできる立場にある社員

・職務責任に見合った職務権限が委譲されている社員

・客観的な業務目標値を設定できる仕事についている社員

・成果が出るまでのサイクルが､最低１年以上の仕事についている社員

・生活給レベルをすでに卒業した、一定の年収水準以上にある社員

◆年俸制に適した職種

・時間外手当のつかない、組織を管理統括する立場にある上位管理職

・企画段階から最終段階まで、一連の業務を任されている高度な専門職や研究開発職

・得意先への営業活動が自己で完結でき、責任が明確な営業職

・１～３年の雇用契約を結んだ、専門的な技術を持った特別契約社員

・定年後再雇用社員（生活の不安がなく、いままでの経験を充分に発揮することが期待できる）

◆年俸制導入のステップ◆

ここがポイント 年俸制への移行は、下地づくりにゆっくりと時間をかけることが肝要

第1ステップ　能力主義を根づかせる段階

- 職能給を導入し、定着を図る
- 職務給（役割給）と業績給を部分的に導入する
- 業績連動型賞与を導入する

第2ステップ　年俸制導入への下地づくりの段階

- 職務給（役割給）や業績給の比重を増加させる
- 年収管理の考え方を導入する
- 管理・専門職、中高齢層にゼロベース賃金体系を導入する
- 導入の対象社員層、職種を検討し、賛意を得て決定する

第3ステップ　年俸制へ完全に移行する段階

- 過渡的導入――職能複合型年俸制を導入する
- 本格的導入――役割業績年俸制を導入する

▶ゼロベース――過去の賃金体系を断ち切って、新たな立場でスタートさせることをいいます

56 職能複合型年俸制の設計

■本格的な導入への橋渡しとなるのが職能複合型年俸制

年俸制にはいろいろなタイプがありますが、ここでは、その代表的なものである、次の２つの制度を取り上げて説明します。

⑴職能複合型年俸制

⑵役割業績型年俸制

これらはいずれも、年俸制であることに変わりはありませんが、⑵の役割業績型年俸制がより本格的な仕組みであるのに対して、⑴の職能複合型年俸制は、本格的な導入への過渡的なものとして位置づけることができます。

◆職能複合型年俸

職能複合型年俸は、職能年俸（職能給）と役割責任年俸（役割給）と業績加給年俸（業績給）の３本の柱に、一部の手当を加えた形で構成されています。

次ページは、自己の責任で業務を行なう上位管理職（５等級以上）を対象に設定した例です。ここでは、この例をもとに、職能複合型年俸の設計の仕方を見ていきます。

ⓐ職能年俸

強化型職能給を採用するのが原則で、ここでは単一職能給（シングルレート）をとっています。

この職能年俸では、各等級をいくつかのクラスに分け、そのクラスごとに年俸額を設定し、昇給は昇格によってのみとし、定期昇給は行ないません。

次ページの例では、５等級をＭの１～３に、６等級をＥの１～３にと、それぞれ３つにクラス分けをしていますが、これをどう分けるか

◆職能複合型年俸制の設定例◆

ここがポイント 最初は、年俸制移行直前の月給総額の15ヵ月分を目安に年俸額を設定する

（職能年俸 ＋ 業績加給年俸 ＋ 役割責任年俸）＋ 限定された手当 ×12

職能年俸

クラス		年俸額	月額相当
6等級	E－3	840万円	70万円
	E－2	780万円	65万円
	E－1	720万円	60万円

クラス		年俸額	月額相当
5等級	M－3	600万円	50万円
	M－2	540万円	45万円
	M－1	480万円	40万円

業績加給年俸

評　価	S	A	B	C	D
加給率	1.20	1.10	1.00±	0.90	0.80

前年度の金額に、評価に応じた加給率を乗じる

役割責任年俸

責任度	課　長		部　長	
	年俸額	月額相当	年俸額	月額相当
a	1,140,000円	95,000円	1,560,000円	130,000円
b	1,020,000円	85,000円	1,440,000円	120,000円
c	900,000円	75,000円	1,320,000円	110,000円
d	840,000円	70,000円	1,200,000円	100,000円

責任度はcを標準とする

は自由です。

⒝業績加給年俸

前期の業績によって変動する業績給です。年俸額は、前期の額に評価に応じて設定した加給率を乗じて決定します。

⒞役割責任年俸

自己の責任によって業務を行なえる役職についた場合に支給するものです。支給する年俸額は、役職ごとにｃを標準とした４段階のレベルを設け、それぞれに相対的に配分する形で決定します。

ここで注意したいのは、４段階の分け方です。これは担当する役割責任の大きさ（レベル）によって設定するもので、当人の能力によるものではありません。

なお、年度の途中から職能複合型年俸が適用された場合、役割責任年俸はその性格上、就任した期間（月数）の分だけを支給することになります。

⒟その他手当

家族手当や住宅手当などの生活補助的な手当は整理統合し、通勤手当、別居・単身赴任手当、地域手当など、必要最低限なものに限定して支給します。

◆初任年俸額の決め方

初任年俸額（手当分は含まない）は、年俸制が適用される前（昇格前）の月あたり総支給額を基準に設定します。これは、15カ月分相当を設定し、職能年俸にはその60％程度、業績加給年俸は30％程度、役割責任年俸は10％程度という構成で分けるのが一般的です。

そして、次ページのような年俸モデル表を作成し、業績良好の場合や不良の場合など、さまざまな条件を設定してシミュレーションを行ない、適正値を求めていきます。

◆年俸モデルのシミュレーション◆

ここがポイント 業績が良好の場合と不良の場合を設定し、向こう5年間の推移を見る

例　A　優秀な業績を継続し、順当に昇格したケース

（単位：千円）

経過年数	新クラス等級	役職位（ポスト）	前年の評価	年俸額（決算配分賞与を除く）				前年度比	
				職能俸	業績俸	役責俸	年俸計	アップ額	アップ率
0	M-1	課長職d		4,800	2,400	840	8,040		
1	M-2	課長職c	A	5.400	2,640	900	8,940	900	11.2%
2	M-3	課長職a	A	6,000	2,904	1,140	10,044	1,104	12.3%
3	E-1	部長職c	A	7,200	3,192	1,320	11,712	1,668	16.6%
4	E-2	部長職b	A	7,800	3,516	1,440	12,756	1,044	8.9%
5	E-3	部長職a	A	8,400	3,864	1,560	13,824	1,068	8.4%

例　B　業績が悪く、昇進しなかったケース

（単位：千円）

経過年数	新クラス等級	役職位（ポスト）	前年の評価	年俸額（決算配分賞与を除く）				前年度比	
				職能俸	業績俸	役責俸	年俸計	アップ額	アップ率
0	M-1	課長職d		4,800	2,400	840	8,040		
1	M-1	課長職d	C	4,800	2,160	840	7,800	-240	-3.0%
2	M-1	課長職d	C	4,800	1,944	840	7,584	-216	-2.8%
3	M-1	課長職d	C	4,800	1,752	840	7,392	-192	-2.5%
4	M-1	課長職d	C	4,800	1,572	840	7,212	-180	-2.4%
5	M-1	課長職d	C	4,800	1,416	840	7,056	-156	-2.2%

注）いずれも、手当やベースアップは考慮していません

57 役割業績年俸制の設計

■役割と、それに対する業績によって年俸額を決める

◆2つの軸

職能複合型年俸制を実施しながら制度を修正していき、社員の理解が深まれば、本格的な年俸制度である役割業績年俸制に移行します。

この役割業績年俸制は、次の２つを軸に年俸給を決定するものです。

・役割――職責のこと。担当する職務の責任の大きさをいう。

・業績――与えられた役割をどれだけ達成したかをいう。

役割業績年俸制では、担当職務（ポスト）の大きさ、責任の重さや実績に応じて、役割は役割期待年俸、業績は役割達成年俸として評価・決定し、両者を加えた額を年俸額とします。

ⓐ役割期待年俸

職務と一口にいっても、困難なものもあれば簡単なものもあるし、特殊な技能を要するものもあるなど、さまざまです。会社から見れば、１つひとつの職務に対して期待するものやその度合いも異なるわけで、それを「役割期待値」という形で数値化して評価し、年俸に反映させるものがこの役割期待年俸です。

したがって、まず役割期待値を設定する必要がありますが、これは次のような手順で行ないます。

①担当職務や役職（ポスト）に対して、次の5つの項目について検討し、それぞれ100点法で採点・評価する

a. 扱う経営資源（ヒト・モノ・カネ）の大きさ――つまり、　部下の数、担当の施設や設備、予算額などの評価

b. 現時点での職務（ポスト）の会社への貢献度の評価

c. チャレンジ性や市場伸張性を見て、将来、会社にどれだけ貢献してく

◆役割業績型年俸の考え方◆

ここがポイント 役割業績型年俸は、役割期待値の大きさと役割達成度に応じて決定される

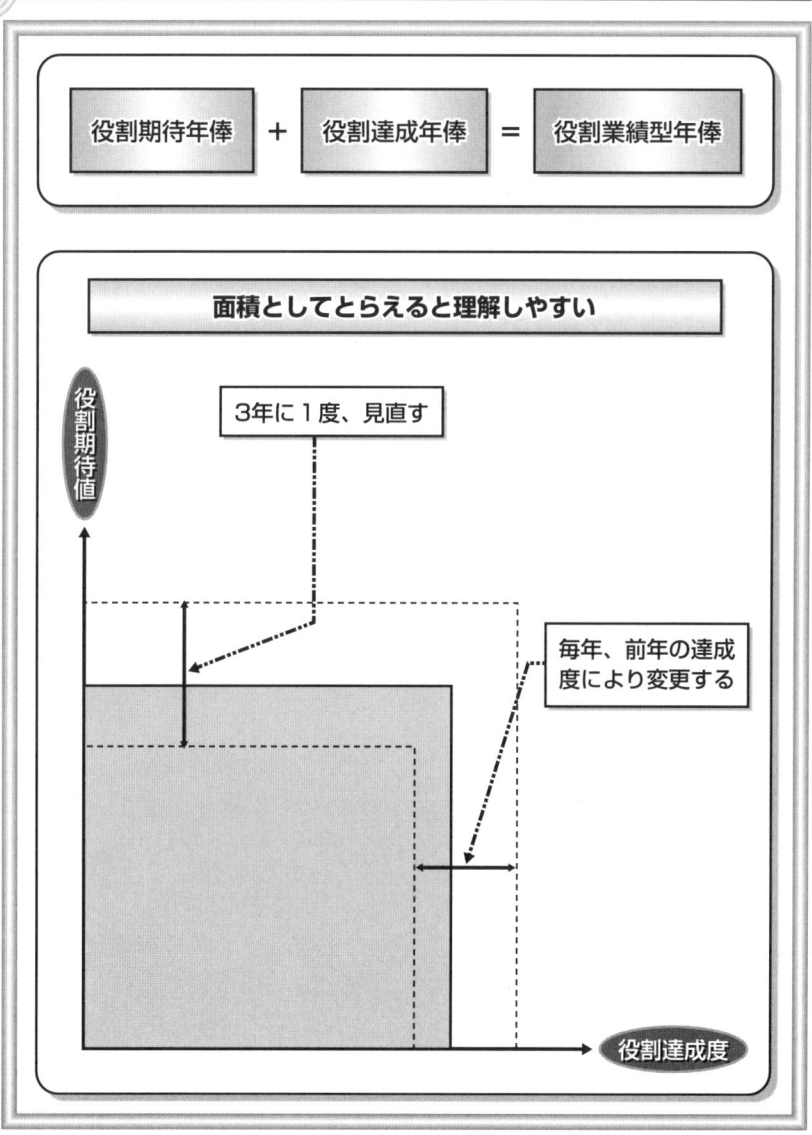

役割期待年俸 ＋ 役割達成年俸 ＝ 役割業績型年俸

面積としてとらえると理解しやすい

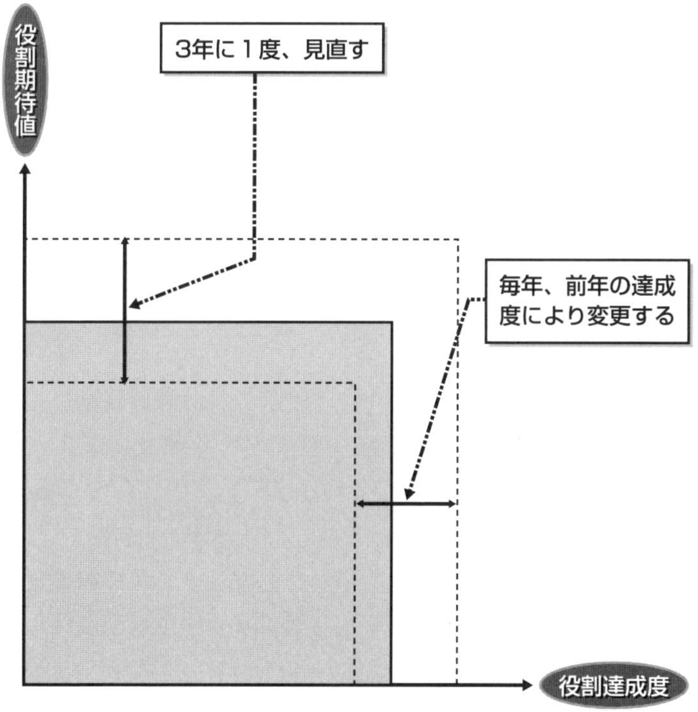

れそうかの期待度の評価
d.あらかじめ職務に要求される能力はどのレベルなのか、公的資格などの専門知識や技術はどの程度要求されるか、代替の人材を新規に募集するとした場合の希少性などの評価
e.年俸制のもとで、担当する職務や役職の厳しさの評価

②次ページのＡ表を作成、①の採点結果を採点欄に記入する

③評価項目のａ～ｅについて、その重要性によって合計が100%となるようにウエイト配分し、Ａ表のウエイト欄に記入する

④ａ～ｅの採点に、それぞれのウエイトを掛けて評点を出し、合計する

この合計点が、対象社員の職務・役職に対する役割期待値としての総合評価となります。

問題はその基準額の決め方ですが、最初の年度は、予定年収の半額をベースとします。

役割責任年俸は、この役割期待値を見直し、改定することによって変化していくわけです。しかし、役割期待値は短期間にそう大きく変化するものではなく、毎年行なう必要はありません。それもあって、この見直しは通常、２～３年ごとに行ないます。

(b)役割達成年俸

毎年度、前年度に役割期待値をどこまで達成したかを評価し、その結果にもとづいて決められます。

評価は、次ページのＢ表のように５段階方式の評価基準とし、基準ごとに役割達成度（指数）を設定、次の計算で年俸額を算出します。

[前年役割期待年俸]　×　[役割達成度]

この場合も、移行して最初の金額をどう設定するかが問題です。これについては、最初の年度に限り、役割達成年俸は役割期待年俸と同額とすることになっています。

◆役割期待値と役割達成度◆

ここがポイント 導入した最初は、役割期待年俸と役割達成年俸を同額で設定する

A　役割期待値の設定

役割評価項目	採　点	ウエイト	評　点
a. 責任と権限の大きさ		%	
b. 現行業績の貢献期待度		%	
c. 新規開発への期待度		%	
d. 役割の難易度		%	
e. 精神的・肉体的な負担度		%	
合　計		100%	

↓

役割期待値

B　役割達成年俸の評価基準

	評　価　基　準	役割達成度（指数）
S	予想をはるかに超えた成果を示した	120〜130%
A	優秀な成果を示した	110〜120%
B	期待（目標）どおりの達成だった	100〜105%
C	期待（目標）までにはいたらなかった	90%または現状維持
D	目標設定自体を見直すべき結果だった	80%

→ **C、D評価が2年続いた場合、役割期待年俸を減額する**

◆役割業績年俸の計算例◆

1　役割期待年俸区分を設定する

区 分	条　件
レベル4	営業開発課長およびこれに相当する役割にある職務
レベル3	営業ブロック長・経理課長およびこれに相当する役割にある職務
レベル2	営業支社長、庶務課長およびこれに相当する役割にある職務
レベル1	営業所長、事業所管理課長およびこれに相当する役割にある職務

2　役割期待年俸区分ごとの役割期待年俸額を設定する

区 分	年俸額
レベル4	600万円
レベル3	550万円
レベル2	500万円
レベル1	450万円

3　期待区分がレベル2（営業支社長）の社員の場合の初年度の役割業績年俸

役割期待年俸 — レベル2の年俸 → 500万円

役割達成年俸 — 期待年俸と同額 → 500万円

→ 役割業績年俸　1,000万円

4　次年度に達成度Aと評価され、営業ブロック長に配転された場合

役割期待年俸 — レベル3へ昇格 → 550万円

役割達成年俸 — 500万×120% → 600万円

→ 役割業績年俸　1,150万円

58 年俸の支払い方法

■年俸とその支払い方法は別個の問題である

◆当人と会社の合意が原則

年俸制といっても、1年分の賃金を一括して1度に支払うわけではありません。かといって、12等分して毎月同じ額を支払わなければならないというものでもありません。

というのも、年俸制というのは単に1年分の賃金の額を決定することをいい、その支払い方法まで示したものではないからです。

これを1年の間にどのような形で支払うかは、会社側と年俸制の対象者とで話し合い、合意の上で決めるというのが基本的なルールとされています。しかし、賃金の支払いは会社の制度上の事項なので、合意といっても個々の希望に応じて行なわれる例は少なく、もっとも希望の多い方法に揃えて全社で統一するのが普通です。

代表的な年俸の支払方法としては、下の表に掲げたように、毎月均等型、年末重視型、賞与均等配分型、期末賞与調整型があります。

		毎月均等	年末重視	賞与均等配分	期末賞与調整
毎　月		15／12	12／12		
賞与時	夏期	0%	45%	50%	40%
	年末	0%	55%	50%	40%
	期末				20%

上の表で、毎月均等型の毎月の欄に「12分の15」と記されていますが、この15は賞与の「安定保証分」（3カ月分程度）を加えたものです。したがって、賞与の欄はゼロになっています。もちろんですが、業績がよければ、業績賞与は別個に加算して支払われます。

59 年俸制度での人材評価

■目標管理とプロセス評価を併用する

◆目標管理の人事版をつくる

年俸制を導入した会社のほとんどが、その査定評価に、目標管理による方法を用いています。

目標管理とは、それぞれの担当職務や役割に応じて、その年度ごとの重要課題に沿った客観的な評価を行なうことなので、たしかに年俸制の評価にはうってつけといえます。

しかし、目標管理はもともと、組織目標と個別の目標を統合化させるのが目的で、賃金決定のためのものではありません。つまり、人事考課とは狙いや評価の仕方が異なるわけで、これをそのまま用いると評価ミスが発生する恐れがあります。

大切なのは、目標管理の技法を人事考課に応用し、その利点を活かすことです。

次ページの評価表は、人事課の賃金担当業務を例に、目標管理を応用したものですが、これをもとに年俸制の評価はどういう点に留意すべきか見ていきましょう。

①評価者の責任を明確にする

評価について、被評価者と評価者（上司）の見解が違った場合には、その責任を評価者が取ることを明らかにしておくことが大切です。

②特別な課題目標だけでなく、担当業務の基本となる通常目標も毎年必ず設定する

たとえば、次ページの例でいうと、人事課では「新賃金制度への移行」が特別課題目標となり、「給料計算業務の実行」での「社員の賃金を毎月ミスがないようにスケジュールどおりに支給する」というのが

◆年俸者評価表の例◆

ここがポイント 年俸者の評価は、目標管理を応用した評価表を用いるとよい

部署	総務部人事課	評価者	部署	
氏名			氏名	

期間	自： 年 月 日
	至： 年 月 日

	今期目標	ウエイト	達成基準	難易度	施策・手段・方針	スケジュール管理						達成度評価	
						4	5	6	7	8	9	本人	上司
Ⅰ特別課題目標	(1)新給与制度への移行	30%	・5月中に全社員への説明会を開催し、6月給料時にミスや遅滞なく個別移行を完了する	等級に相当のレベル	・……の手配 ・……との連絡調整を行なう ・……を最重要点課題とする ・……に留意する								
	(2)目標管理制度の新規導入	30%	・昨年度の一部試行を踏まえ、人事制度の一環として10月より全社的に導入するため、実施要項を8月末までに策定する	+1 1等級上のレベル	・……と合同でチェックを進める ・ミーティングを通じて……を実行する ・予想される問題点については……する								
Ⅱ通常業務目標	(1)給料計算業務の実行	対象外	・スケジュールにしたがって計画的に進める	対象外	・月次処理状況について……を行なう								
	(2)………												

Ⅲプロセス評価	①	目標設定の的確性	
	②	業務処理手順	
	③	予算管理	
	④	情報収集	
	⑤	コミュニケーション	
	⑥	関係部門との協力、支援	
	⑦	対外信用度向上への貢献	
Ⅳ組織管理実績	①	モラール、チームワーク向上への貢献	
	②	自らのリーダーシップ、指導力発揮	
	③	部下、下級者の能力開発、育成	
	④	クレームやトラブルなど、不測の事態への対応	
Ⅴ特別加点			

通常目標となります。

③プロセス評価を実施する

会社業務では、結果だけでなく、そのプロセスも重要なので、必ずその評価項目を盛り込んでください。年俸制の対象者は自己の責任で業務を進めることを前提としているため、とくにこれは大切です。

④管理職については組織管理実績の評価も行なう

管理職ならではの行動評価です。これには、リーダーシップの発揮度、不測の事態への対応の仕方、組織の活性度（メンバーのモラールアップ）、部下の育成などがあります。

⑤目標設定時に予想されなかった事項に考慮する

目標管理は、期の初めに期末時点を想定して目標を設定するという考え方に立っています。ところが実際には、期の中途で予想外の業務環境の変化が生じることが多いものです。これに対応するため、特別加点という評価欄を設けておき、自薦、上司推薦も含めて、期末時点で修正加点できるようにします。

◆コミュニケーションが決め手

目標管理では、目標の設定と進行の管理がとくに大切です。これは年俸制も同じで、役割期待値とその達成度をもとに設定される役割業績年俸制ではとくに、年間を通じてしっかりと管理業務を行なう必要があります。

次ページは、役割業績年俸制を円滑に運用するには、どういうスケジュールで何をすべきかをまとめたものです。これを見ればわかるように、年俸制の人事管理では、面接が非常に重要な役割を担っています。

年俸制を成功させるには、面接はもちろん、ふだんのコミュニケーションが決め手なのだということを、肝に銘じておいてください。

◆役割業績年俸制の進行スケジュール◆

ここがポイント　面接が年俸制を円滑に進めるためのカギになる

1　今年度の役割（担当職務）を決定する　―　3月

昨年度までの業績を参考に、次のことを行なう
①今年度の役割（担当職務）への期待度の提示と確認
②職務遂行での責任・権限事項の確認と決定

2　目標設定面接を行なう　―　3〜4月

今年度の目標と達成基準について、本人と会社（上司）が確認

3　当年度の年俸額を提示する　―　4月

合意を得てスタート

4　経過面接を行ない、目標の進捗状況を確認する　―　4〜12月

5　会社や部門の業績を推定する　―　2月

業績査定の資料にする

6　個別業績評価面接を行なう　―　2〜3月

今年度の目標達成度を評価、確認し合う

memo

第5章

賃金制度の改革と賃金規定

60 トータル人事システムと賃金

■賃金制度は、人事管理システムの一環としてとらえよう

◆人事のカナメは人事考課

賃金制度は、ただ単に賃金体系を改定すればすむというものではありません。賃金制度を担う賃金管理は、人事管理の一環として行なわれるものであるということは、１章で述べたとおりです。

その人事管理の業務は、人事考課を中心に、賃金をはじめ、採用、配置、教育、登用、福利厚生などの、いわゆる人事関連諸制度を運用することで行なわれます。

しかし、これらがばらばらに行なわれたのでは意味がありません。人事はヒトという経営活動の骨幹をなす経営資源を活性化し、有効に活用するという目的の実現のためになされるべきものです。そして、そのためには、教育によって能力を高め、それに応じて異動配置（ローテーション）を実施し、その結果を昇格や昇給・賞与などの処遇に反映させるというように、経営戦略にもとづいた全社的な人事システムを構築することが必要です。

これを「トータル人事システム」といいます。これは、能力主義人事の考え方によるもので、「経営理念や経営計画にもとづき、経営資源の中で、もっとも重要なヒトが適切で有効に働けるよう、戦略的に人事の総合的な仕組みを構築すること」と定義されます。

次ページは、そのトータル人事システムの構図を見たものですが、このように、まず目的の実現にはこのような人材が必要だという「あるべき社員像」を明確にし、それにもとづいて、総合的、体系的、計画的、効果的に人事関連諸制度を運用し、社員の育成を図っていく仕組みを築き、そのうえで賃金制度を設計することが大切です。

◆トータル人事システムの構図◆

ここがポイント　賃金制度は、トータルな人事システムの中で考えることが大切

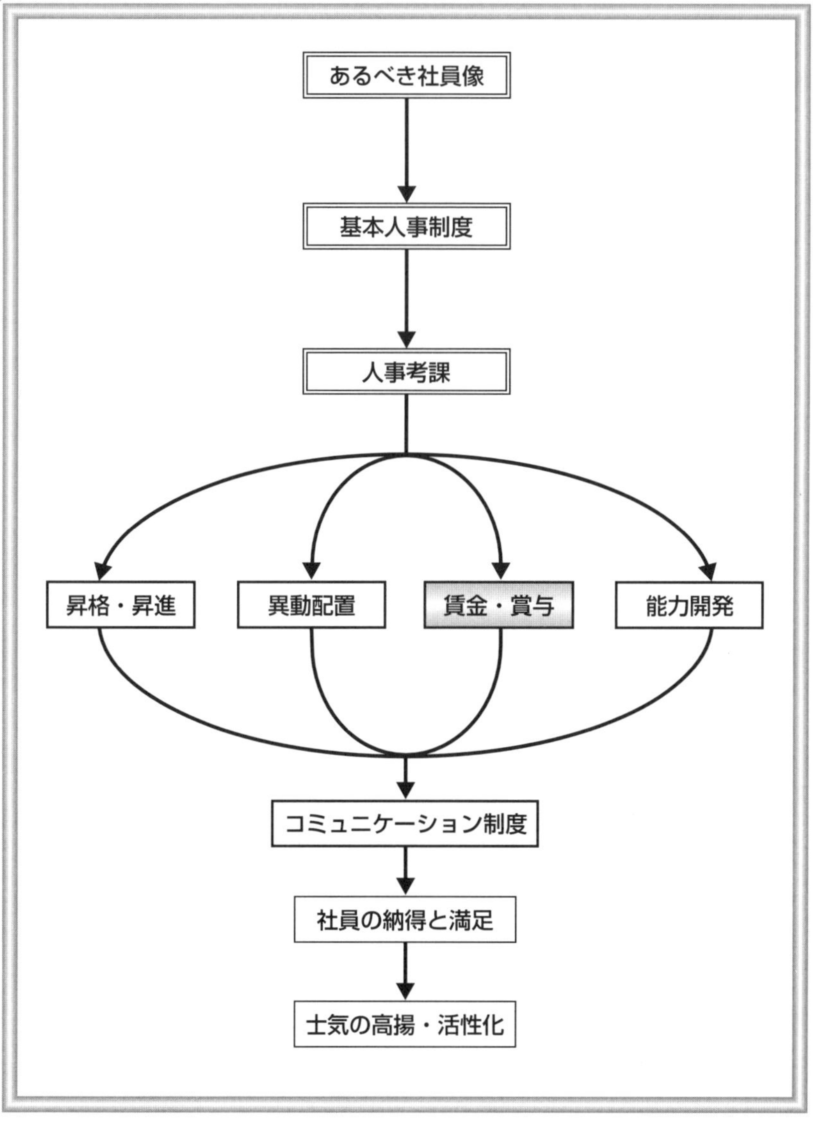

61 新制度導入のポイント

■疑問を残したままスタートすると、誤解を招く

◆社員の納得が第一

賃金制度の改定は、理論にしたがって定石を押さえながら設計することが基本です。

しかし、いくら理論的に正しいものを設計しても、それで成功するとは限らないのが賃金制度です。賃金は自分への評価が具体的な金額として表現されたものとして、社員がもっとも大きな関心を持っているため、たとえ数円というわずかな違いだろうと、腑に落ちない場合には、士気に大きな影響を与えるからです。

いうならば、賃金制度の改定の成否は、ひとえに社員に納得され、やる気を高められるかどうかにかかっているのだ、といえます。

したがって、新しい賃金制度を導入する場合、設計したものをそのままでいきなり実施するのは禁物です。事前に、少なくとも次のことは実行してください。

⑴実際に運用した場合をシミュレーションし、不都合が生じないように修正する

⑵人事考課・賃金査定との不整合がないかを確認し、調整する

⑶社員にきちんと説明し、疑問や誤解が残らないように努める

社員への説明は情報開示の意味からも重要です。どのような基準で評価し、その結果として賃金がどう決定されるのか、その仕組みを説明し、どの質問にも丁寧に答えることが大切です。

労働組合があるところでは、労働協約にもとづいて、労働組合と事前協議ないし説明を行なう必要があります。

また、新制度を導入したら、賃金辞令を交付することが原則です。

◆新しい賃金制度への移行プロセス◆

ここがポイント　新制度の導入では、充分に説明することがとくに重要である

新しい賃金制度を社員個々の立場からシミュレーションする

賃金査定基準（ルール）を確認、調整する

管理職など、幹部社員への説明会を行なう

労働組合と協議

詳細部分について改めて検討し、修正する

新賃金制度を最終的に決定する

全社員に発表する（できる限り説明会を行なう）

新賃金制度へ移行する

賃金辞令を交付する

賃金規定を改定する

労働基準監督署に届け出る

62 導入前シミュレーション

■賃金制度は充分にチェックし、慎重に導入するのが鉄則

◆ケース別に検証

いくら形が整っていても、制度というものには必ずといってよいほど不都合があるものです。とくに賃金制度の場合、社員それぞれで適用のされ方が異なるため、予期せぬところに歪みが生じたり、予想していたことが裏目に出てしまうことがよくあります。

それを防ぐために行なうのが事前シミュレーションです。これは、新しい賃金体系に移行する前に、実施したらどうなるのか、実際のケースを想定して具体的に運用した場合を検証し、問題点を見つけて修正する作業をいいます。

シミュレーションする内容は次ページのようになりますが、ここではとくに、次の2点に主眼を置いてチェックしてください。

⑴スムーズに運用が可能かどうか

⑵個々の社員の立場から見て問題はないかどうか

また、個別の賃金制度についても、次の点をポイントに検証します。

・**月例賃金**——とくに昇給を中心に、導入後の2～3年間について検証する。

・**賞与**——業績が、昨年と同様だった場合を想定して、年に2回の支給について、従来の賞与額とどう変化するかを検証する。

・**年俸制**——査定による反映額が適当かどうかを中心に、移行後の数年間を予想して検証する。

・**退職金**——総額が巨額なこともあり、退職金は非常に重要な問題なので、年金化の問題も含め、企業会計の観点から、10年ないし20年先を見据えて設計内容を検討することが大切。

◆実施前シミュレーションのチェック内容◆

ここがポイント　導入前に実施後を想定して、問題点をチェック、修正する

1　コストとしての整合性はどうか

2　職能給について検討する

- 各社員について能力を分析し、等級づけを行なう
- 標準者（平均者）の職能給の推移を検証する
- 上位査定者と下位査定者について、職能給の推移を検証する

3　職務給（役割給）について検討する

- 増額や減額する場合のあらゆるケースを想定して検証する

4　業績給について検討する

- 予想される業績に対して、増給・減給の許容範囲を検証する

5　従来の制度と比較して、実際にどのように変わるのかを検証

63 新賃金と現行賃金の格差処理

■新制度への移行で賃金額のダウンが起こらないように考慮する

◆調整手当で対応

月例賃金を改める場合、改定による賃金水準と現行支給の賃金額とのズレを明確にし、**特別な場合**を除いて現行の賃金を保証し（現給保証）、時間をかけて是正していく方法を考える必要があります。

そのよい例が、職能資格での格づけです。

格づけとは、社員の能力の到達レベルを評価して、等級ごとに割り当てることをいいます。

このとき、格づけられた等級の適正額（職能給額）と現行の賃金額（現行賃金から計算された職能給相当額）に、次のようにズレが生じることがよくあるのです。

A——現行の賃金より、格づけによる賃金額のほうが多い場合

B——格づけによる賃金額より、現行の賃金額のほうが多い場合

この場合の処理として、Aのケースは新しい制度に移行する時点でアップさせるのが本来のやり方ですが、やむを得ないときは、複数年かけて適正額までアップさせる方法をとります。

しかし、Bのケースでは何らかの調整が必要です。というのも、月例賃金は生活給としての意味合があり、移行時に総額をダウンさせることは原則として避けるのが基本だからです。

このような場合、一般に行なわれているのは調整手当を併用することです。この調整手当は、一定期間に限って暫定的に支給し、定期昇給や昇格時に昇給額と相殺していきます。

▶特別な場合——会社の経営状況の悪化など、月例賃金がダウンすることに、客観的で合理的な理由が認められる場合です

64 賃金規定を改定する

■常時10人以上を雇っている会社は届け出が義務づけられている

◆内容は法律で規定

シミュレーションの結果、問題点が是正され、社員への説明を終えたら、新しい賃金制度へ移行し、並行してその内容にもとづいて就業規則の賃金規定を改定します。

この就業規則は、常時10人以上の社員を雇用する事業所に、作成と**労働基準監督署への届け出**が義務づけられているものです。

しかし、その重要性を鑑みると、10人未満のところでも作成しておくべきだといえます。雇用の問題は曖昧にしておくと、いろいろとトラブルを招いてしまうことが少なくないからです。

なかでも賃金は重要な問題で、規則化しておかないと混乱を招いてしまう恐れがあります。それもあって、就業規則とは別に、賃金規定を定めている会社がほとんどです。

なお、労働基準法では、この賃金について、次の事柄を就業規則もしくは賃金規定に明記しなければならない、としています。

(a)賃金の決定、計算方法、賃金の締切り期間、支払い方法、支払いの時期、割増賃金

(b)昇給について

(c)退職金、賞与、最低賃金（会社に定めがある場合）

次ページに、一般的な賃金規定の書式例を掲げておきました。まだ、賃金規定を作成していない場合、これを参考にするとよいでしょう。

▶労働基準監督署への届け出――常時10人以上の社員は、正社員だけでなく、アルバイトや臨時雇いなどの人員も対象とされます

◆一般的な賃金制度の構成と文例◆

ここがポイント 本人給、職能給、諸手当などの細目規定は別表に掲げる

第1章　総　則

第1条（目的）

この規定は、就業規則第○章の定めに基づき、社員の月例賃金および賞与に関して定めることを目的とする。

第2条（適用の範囲）

この規定は、下記を除く社員に適用する。

(1) 嘱託社員

(2) パートタイマー、アルバイト

(3) その他臨時社員

第3条（月例賃金の体系）

月例賃金の体系は次の通りとする。

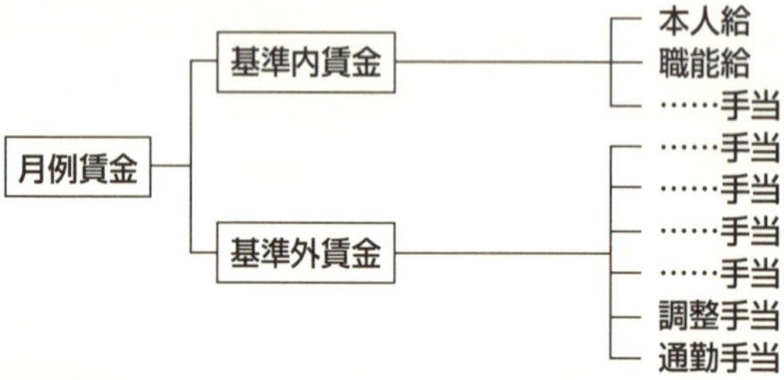

第4条（賃金形態）

賃金は月給制とする。

ただし、………………

第5条（賃金の計算期間および支払日）

賃金は毎月25日に支払うものとし、その計算期間は前月1日から前月末日とする。ただし、勤怠控除については翌月に精算し控除を行なう。また、賃金支払いの当日が休日のときは支払い日を前日に繰り上げる。

第6条（賃金の通貨支払いと控除）

賃金は、その全額を通貨で本人に直接支払う。または、本人の同意を得て、銀行その他の金融機関の本人預貯金口座に振り込み払いにより支払う。ただし、次の各号の一に該当するものはこれを賃金中より控除する。

(1) 所得税、住民税

(2) 健康保険料、厚生年金保険料、雇用保険料

(3) その他、会社と社員間で協議のうえ書面協定した諸控除金

第7条（非常時払い）
第8条（日割り計算）
第9条（勤怠控除）

第2章　基準内賃金

第10条（基準内賃金）
基準内賃金は本人給、職能給及び手当からなる。

第11条（本人給）
第12条（職能給）

第13条（昇給）
(1) 定期昇給
職能給の定期昇給は、人事考課規定に定める考課結果にもとづき、原則として1年に1回、○月○日づけで行なう。ただし、採用後○カ月に満たない者はこの限りではない。
(2) 昇格昇給
等級が昇格した場合に、等級によっては審査の上、職能給の昇格昇給を行なう。

第14条（……手当）

第3章　基準外賃金

第15条（……手当）
第16条（……手当）
第17条（……手当）
第18条（……手当）
第19条（調整手当）
第20条（通勤手当）

第4章　不就業に対する賃金

第21条（休暇時の賃金）
第22条（長期私傷病欠勤時の賃金）
第23条（業務上傷病欠勤時の賃金）
第24条（平均賃金）

第5章　賞　与

第25条（賞与の支給時期）
第26条（賞与の算定期間）
第27条（賞与の基準）
第28条（賞与の受給資格者）

付則　平成○年○月○日　発令施行

65 ベースアップの方法

■段階号俸表による簡便法がよく行なわれている

定期昇給は、社員の大部分を対象に毎年定期的に実施される昇給をいいますが、ベースアップは賃金表そのものを書き換えることです。

このベースアップにはいろいろな方法が行なわれていますが、ここでは、もっともポピュラーで簡便な、**段階号俸表による方法**を見てみましょう。これは、次の2つの方法がよく行なわれています。

(a)等級ごとに一定額をアップさせる方法

次ページがこの例です。ここでは、1等級の初任給が1,000円ベースアップされたことを想定していますが、この場合、1等級の初号額以後の号俸額も同じく1,000円アップするというものです。

この方法では、2等級以上のベースアップ額はそれぞれ等級別に設定します。しかし、2等級以上も1等級と同額のベアの場合は問題ありませんが、異なる場合には昇格昇給額を修正する必要が生じます。

たとえば、次ページの例のように2等級を1,500円のアップとした場合、2等級への昇格昇給額（書き換え前は7,000円）を、2等級と1等級のベースアップ額の差額(1,500－1,000)の分の500円を加えて7,500円として調整するわけです。

(b)等級ごとに一定の号俸を進める方法

たとえば、1等級について本来の定期昇給分にベースアップ分として別途に2号俸ずつ昇給させる、というやり方です。

なお、定期昇給とベースアップの実施順序ですが、これは普通、定期昇給が先で、ベースアップがその次、とするのが一般的です。

▶段階号俸表によるベア——この方法では、長い期間には号俸額に歪みが生じるため、3年に1度は表自体を見直す必要があります

◆職能給表（段階号俸）でのベースアップの例◆

等　級	1等級	1等級	2等級	2等級
標準年齢	18～	18～	22～	22～
昇格昇給			7,000	7,500
定期昇給	3,000	3,000	3,500	3,500
一次号差	600	600	700	700
	ベア前	ベア後	ベア前	ベア後

ベースアップ（1等級 → 1等級）　+1,000（ベア前 → ベア後）

ベースアップ（2等級 → 2等級）　+1,500（ベア前 → ベア後）

ベア差額 +500（7,000 → 7,500）

号　俸	1等級（ベア前）	1等級（ベア後）	2等級（ベア前）	2等級（ベア後）
0	48,000	49,000	67,000	68,500
1	48,600	49,600	67,700	69,200
2	49,200	50,200	68,400	69,900
3	49,800	50,800	69,100	70,600
4	50,400	51,400	69,800	71,300
5	51,000	52,000	70,500	72,000
6	51,600	52,600	71,200	72,700
7	52,200	53,200	71,900	73,400
8	52,800	53,800	72,600	74,100
9	53,400	54,400	73,300	74,800
10	54,000	55,000	74,000	75,500
11	54,600	55,600	74,700	76,200
12	55,200	56,200	75,400	76,900
13	55,800	56,800	76,100	77,600
14	56,400	57,400	76,800	78,300
15	57,000	58,000	77,500	79,000
16	57,600	58,600	78,200	79,700
17	58,200	59,200	78,900	80,400
18	58,800	59,800	79,600	81,100
19	59,400	60,400	80,300	81,800
20	60,000	61,000	81,000	82,500
21	60,600	61,600	81,700	83,200
22	62,200	62,200	82,400	
23	61,800	62,800	83,100	
24	62,400	63,400		
25	63,000			
26	63,600			
27				

1等級15号俸の社員が2等級に昇格した場合

定期昇給（57,000 → 60,000）

ベースアップ（60,000 → 61,000）

昇　格（61,000 → 68,500）

昇格昇給 7,000+500

66 中途採用者の賃金の決め方

■なるべく早く、自社の体系に融合することが基本

◆3グループに分ける

中途採用者の賃金を決めるにあたっては、まず、次のように3つのグループに分けて考えます。

・Aグループ――年齢でいうと20代前半まで。学校を卒業してそれほど年数を経ておらず、社会人としての経験がほとんどない。

・Bグループ――他社からの転職で、社会人の経験はまずまず。

・Cグループ――経営上必要と思われる、特定の専門能力を有する。

Aグループは、社内の新卒社員の賃金に準じるのが妥当です。

とくに年齢給を導入している会社では、中途入社者の年齢給は当人の実際の年齢どおりに決定するのが普通です。しかし、一定年数までは、卒業年齢からスタートするやり方も実際には行なわれています。

このこともあって、たとえ新卒を採用していない会社でも、新卒初任給をあらかじめ毎年度決めておく必要があるわけです。

Bグループは、たとえばメーカーの情報処理事務からサービス業の営業へというようにまったく異なる職種へ移ったケースから、前の会社での経験が100％活かせるケースまで、対象は多岐にわたります。

まったく異なる職種へ転じた人の場合は、賃金は社会人としての一般的経験と年齢に応じた生活給の観点から決定します。すなわち、年齢給を始め、生活給を考慮し、職種経験がない分をスタート時に割り引くという考え方です。

同じ職種からの場合は、社内での同程度の経験者（標準的な同年齢者）を基準に判断します。

これらの中間にあたる人の場合は、前の会社での職務経験をどう評

◆中途採用者の賃金決定のフロー◆

ここがポイント　グループごとの評価基準を設けておくと合理的に賃金の算定ができる

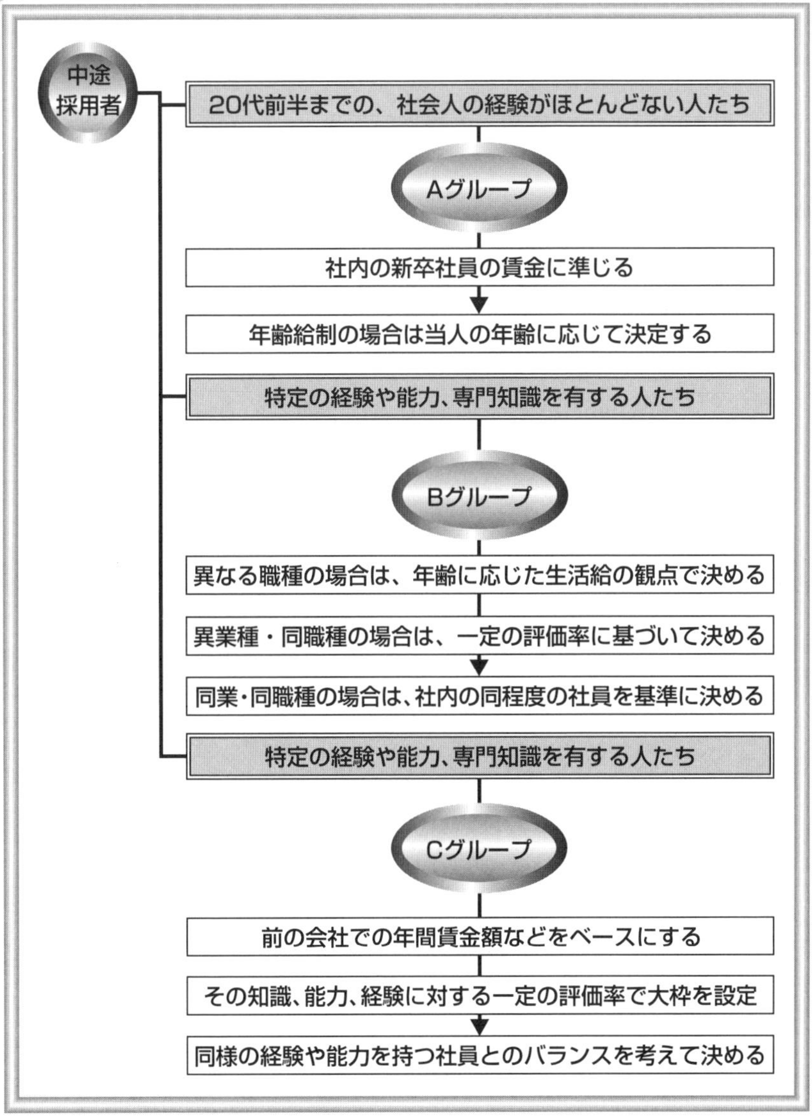

中途採用者
20代前半までの、社会人の経験がほとんどない人たち
Aグループ
社内の新卒社員の賃金に準じる
年齢給制の場合は当人の年齢に応じて決定する
特定の経験や能力、専門知識を有する人たち
Bグループ
異なる職種の場合は、年齢に応じた生活給の観点で決める
異業種・同職種の場合は、一定の評価率に基づいて決める
同業・同職種の場合は、社内の同程度の社員を基準に決める
特定の経験や能力、専門知識を有する人たち
Cグループ
前の会社での年間賃金額などをベースにする
その知識、能力、経験に対する一定の評価率で大枠を設定
同様の経験や能力を持つ社員とのバランスを考えて決める

価するか、あらかじめ評価点を決めておいて、それで決めるのが一般的なやり方です。

Ｃグループは、その人の専門知識や能力、経験をどう評価するかで決まります。

この場合の基準は、それまでのビジネスキャリアや資格の評価、前の会社での年間賃金額などをベースとし、さらに期待度も含めて、これに社内での同年齢者や類似の職務経験を持つ社員とのバランスを配慮しながら決定します。

◆調整ルールを決めておく

いずれにせよ、中途入社の場合には、実際の勤務評価を行なう以前の乏しい判断材料の中から決定せざるを得ないのが実情です。

また、入社後にアップさせることはあっても、原則としてダウンすることは避けなくてはならないため、その後の調整ルールを決定しておく必要があります。

これには、たとえば次の方法が考えられます。

①職能資格制度を導入している会社については、正式な格づけを一定期間見送り、当初は暫定的な格づけにとどめる。

②Ｃグループで、社内の同一年齢者よりも高くなる場合は、1～2年の期間保障として、基本給は低目に抑え、中途採用調整手当や期間内の賞与時に、差額を特別に上乗せする形で支給する。また、場合によっては採用一時金、転職準備金の名目で別途に支給することも考える。

③目標達成度などで賃金が変動する要素を評価制度に織り込む

入社にあたってはきちんと本人に説明を行ない、入社後のトラブルがないように細かく気配りしましょう。

また、高年齢層を採用する場合には、あとで説明するように、以上とは異なった判断が必要です。

67 人事異動と賃金

■将来予想される人事異動を想定し、ルール化しておく

人事異動には次のようなものがあります。これらについて賃金面でどう対処するか、あらかじめルールを定めておきましょう。

・**昇格**——職能給は、昇格時点での昇格昇給を考えます。昇格時に昇給しなくても、その後の定期昇給で、その分アップするのが一般的です。

・**昇進、降職**——職務等級制度（職務給や役割給）を導入している場合、その時点で基本給がアップまたはダウンします。職能資格制度の場合には基本給はすぐには変えず、役職手当を変更することで対応するのが一般的です。

・**職種（職掌）の変更**——異動が頻繁に行なわれる会社では、どの職種も基本給体系を同一にしているケースが多いようです。この場合も当然、事務職から営業職に変わるときに営業手当がつくなど、職種に関わる手当の変更が考えられます。

・**転勤**——基本給そのものは変えず、通勤手当や地域手当、単身赴任手当などの手当で処理するのが普通です。ただし、現地採用を原則とする会社で例外的に転勤を実施するような場合には、基本給そのものを変更することもあります。

・**複線型賃金制度でのコースの変更**——どのような場合にコースの変更を認めるのか、あらかじめ基準を設けておく必要があります。この場合、賃金面では次の２つのケースが考えられます。

(a)基本給全体を変える場合（体系そのものが移行する場合）

(b)基本給のうち、職能給や職務給など一部が変わる場合

68 高齢者の賃金

■相手の希望を入れた柔軟な対応が必要

ここで高齢者とは、定年を過ぎた60歳以上の人をいいます。

この高齢者の採用には次ページのような特徴があり、健康面などでの特別な配慮も必要です。しかし、その経験などを考えると、有力な人材源としてとらえることができます。

高齢者の採用の仕方は、大きく次の２つのケースに分かれます。

⑴定年退職した社員を再雇用する場合

一般に、嘱託社員制度という形で行なわれています。

この場合、賃金は、社内で培われてきた経験や能力、職務の熟練・熟達度、それにいままでの業績などを考慮して決定するケースが多いようですが、その金額は以前よりも下がるのが普通です。

⑵外部から一般募集によって雇用する場合

雇用市場の中では、高齢者は会社と本人がもっとも自由に契約できる開かれた層です。会社としては、知識、経験、能力、人脈など、これまでのキャリアを見て、必要な条件に合った人材が選べるという利点があります。

この場合、賃金は月給制とするのが一般的です。しかし、とくに専門性が高い職種では、年俸制としたほうがよい場合もあるし、常駐の必要性が薄ければ、週に何日という形のパートタイマーとして日給制や時給制をとるなど、仕事内容や相手の希望に応じて、さまざまな方法が考えられます。

▶在職老齢年金――老齢年金は、在籍している間は支給されないのが原則ですが、一定額以下の場合には、在職中に一部を減額して支給されることがあります

▶高年齢雇用継続基本給付金――60歳時点から一定比率以上賃金がダウンした場合、一定基準を満たせば、65歳まで雇用保険から一定額が本人に給付される制度をいいます

◆高齢者雇用の特性◆

ここがポイント 高齢者の雇用は、人材活用や賃金の面で大きな利点がある

それぞれが培ってきた経験、人材活用や賃金の面で、大きな利点がある

必要とする業務や役割に最適な人材を速効的に得ることができる

自社にないノウハウを得ることができる

1～3年ごとの年間契約により、必要に応じた雇用ができる

賃金での生活給のウエイトが低く、人件費の面で有利である

在職老齢年金の支給対象の場合、とくにメリットが大きい

高年齢雇用継続基本給付金が得られる可能性もある

個々に健康面が異なることを配慮し、個別に柔軟に対応する必要がある

個々のライフスタイルや勤務意欲に応じた人事管理を行なう必要がある

◆付表／モデル賃金表1◆

日本経団連モデル賃金（男性全産業　管理・事務・技術労働者／従業員500人以上）

年齢	高　卒	大　卒
18	160,406	
19	166,787	
20	172,646	
21	180,526	
22	188,405	203,570
23	196,025	213,288
24	203,646	223,470
25	211,266	233,672
26	226,426	254,975
27	241,586	276,278
28	256,747	292,105
29	271,907	307,932
30	287,067	232,759
31	288,640	338,889
32	310,213	354,020
33	321,787	369,150
34	333,360	384,281
35	344,933	399,411
36	356,328	417,007
37	367,723	434,603
38	379,118	452,200
39	390,513	469,796
40	401,908	481,392
41	412,083	502,636
42	422,258	517,880
43	432,432	533,124
44	442,607	548,368
45	452,782	563,612
46	462,630	575,774
47	472,478	587,936
48	482,325	600,099
49	492,173	612,261
50	502,021	624,423
51	507,307	631,001
52	512,593	637,580
53	517,878	644,158
54	523,164	650,737
55	528,450	657,315
56	526,147	649,882
57	523,844	642,448
58	521,541	635,015
59	519,238	627,581
60	516,935	620,148

（2001年調べ）

この表は日本経団連より公表されているモデル年齢・賃金をもとに等差金額ですべての年齢にあてはめたものです。

◆付表／モデル賃金表2◆

日本経団連モデル賃金（男性全産業　管理・事務・技術労働者／従業員500人未満）

年齢	高　卒	大　卒
18	165,337	
19	170,545	
20	176,323	
21	183,712	
22	191,100	205,520
23	198,482	213,429
24	205,864	221,161
25	213,246	228,893
26	225,883	244,028
27	238,521	259,163
28	251,158	272,145
29	263,796	285,128
30	276,433	298,110
31	286,070	310,265
32	295,707	322,421
33	305,344	334,576
34	314,981	346,732
35	324,618	358,887
36	336,339	372,035
37	348,059	385,182
38	359,780	398,330
39	371,500	411,477
40	383,221	424,625
41	393,022	436,541
42	402,823	448,458
43	412,625	460,374
44	422,426	472,291
45	432,227	484,207
46	443,502	496,214
47	454,776	508,220
48	466,051	520,227
49	477,325	532,233
50	488,600	544,240
51	495,165	552,875
52	501,731	561,509
53	508,296	570,144
54	514,862	578,778
55	521,427	587,413
56	521,187	586,596
57	520,947	585,779
58	520,708	584,961
59	520,468	584,144
60	520,228	583,327

（2001年調べ）

この表は日本経団連より公表されているモデル年齢・賃金をもとに等差金額ですべての年齢にあてはめたものです。

◆付表／モデル賃金表3◆

東京都産業労働局モデル賃金（全産業／従業員300人未満）

年齢	高　卒	大　卒
18	166,465	
19	172,610	
20	178,755	
21	184,990	
22	191,224	199,484
23	197,728	208,106
24	204,232	216,728
25	210,736	225,350
26	219,619	234,826
27	228,503	244,302
28	237,386	253,779
29	246,270	263,255
30	255,153	272,731
31	262,379	282,874
32	269,606	293,017
33	276,832	303,161
34	284,059	313,304
35	291,285	323,447
36	299,921	332,783
37	308,557	342,119
38	317,193	351,454
39	325,829	360,790
40	334,465	370,126
41	340,587	379,072
42	346,710	388,017
43	352,832	396,963
44	358,955	405,908
45	365,077	414,854
46	372,205	421,856
47	379,333	428,858
48	386,461	435,859
49	393,589	442,861
50	400,717	449,863
51	405,071	454,417
52	409,426	458,970
53	413,780	463,524
54	418,135	468,077
55	422,489	472,631
56	421,771	473,132
57	421,053	473,632
58	420,336	474,133
59	419,618	474,633
60	418,900	475,134

（2001年調べ）

この表は東京都産業労働局から公表されているモデル年齢・賃金をもとに等差金額ですべての年齢にあてはめたものです。

◆付表／基本給と諸手当の割合◆

従業員数別に見た所定内賃金での基本給と諸手当の割合の変化

従業員	総　計		1000人以上		100〜999人		30〜99人	
区分	基本給	諸手当	基本給	諸手当	基本給	諸手当	基本給	諸手当
90年	81.2	18.8	81.7	18.3	81.2	18.8	80.0	20.0
96年	83.8	16.2	85.1	14.9	83.1	16.9	81.9	18.1
99年	83.9	16.1	85.7	14.3	83.0	17.0	81.2	18.8

（厚生労働省「賃金労働時間制度等総合調査」）

所定内賃金での基本給と各手当の割合（全産業平均・1999年調査）

		1人当たり平均額（円）	割　合（%）
所定内賃金		330,088	100.00
基本給の部分		296,298	89.76
資格手当		3,704	1.12
役付手当		5,694	1.72
諸手当	家族手当	10,032	3.04
諸手当	住宅手当	5,857	1.77
諸手当	地域手当・都市手当	2,632	0.80
諸手当	食事手当	705	0.21
諸手当	精勤手当・皆勤手当	195	0.06
諸手当	営業手当・外勤手当	1,294	0.39
諸手当	交替勤務手当	1,125	0.34
諸手当	特殊勤務手当	210	0.06
諸手当	特殊作業手当	137	0.04
諸手当	出向手当	103	0.03
諸手当	その他	2,102	0.64
諸手当	合　計	24,392	7.39

（厚生労働省「賃金労働時間制度等総合調査」）

著者略歴

二宮 孝（にのみや　たかし）
株式会社パーソネル・ブレイン代表取締役。
昭和30年、広島県に生まれる。早稲田大学法学部を卒業。商社人事部、大手外資系メーカー人事部、ダイヤモンドビジネスコンサルティング㈱コンサルタントを経て独立。現在、その実務経験を踏まえて、実践的コンサルテーションを展開している。
著書に『人事考課の実務』（同文舘出版）がある。
社団法人日本経営士会正会員。全日本能率連盟認定マスター・マネジメント・コンサルタント、社会保険労務士、産業カウンセラー。
オフィス　〒150-0011 東京都渋谷区東3－15－8　小澤ビル501
TEL03-3406-5605
FAX03-3406-5396
URL http://www.personnel-brain.co.jp/
E-mail:ninomiya@personnel-brain.co.jp

企画・編集　三田書房
構成　中野昭夫

これで安心！　仕事の基本がよくわかる
新しい給与体系と実務

平成14年10月11日　初版発行

著　者――二　宮　　孝
発行者――中　島　朝　彦
発行所――同文舘出版株式会社
東京都千代田区神田神保町1-41　〒101-0051
電話　営業03(3294)1801 編集03(3294)1803
振替00100-8-42935

©T.Ninomiya　ISBN4-495-55971-0
印刷／製本：東洋経済印刷　Printed in Japan 2002